윤리적 인공지능

AI문고

인공지능 시대입니다. 기계가 인간의 인지를 대신하고, 사물이 인간을 통하지 않고 다른 사물과 직접 커뮤니케이션합니다. 이에 따른 인간 삶과 문명 변화를 정확히 이해·예측·대응하는 것은 이 시대 우리 모두의 과제입니다. AI문고는 인공지능 기술과 환경의 여러 주제를 10가지 키워드로 정리합니다. 관련 개념과 이론, 학계와 산업계의 쟁점, 우리 일상의 변화를 다룹니다. 인간과 기술의 현재, 미래를 세심히 분석합니다.

일러두기

- 인명, 작품명, 저서명, 개념어 등은 한글과 함께 괄호 안에 해당 국가의 원어를 병기했습니다.
- 외래어 표기는 현행 어문규정의 외래어표기법을 따랐습니다. 다만 '딥러닝', '딥마인드', '딥페이크' 등은 관행을 따랐습니다.

처음이세요?

전문가세요?

윤리적 인공지능

변순용

대한민국, 서울, 커뮤니케이션북스, 2025

윤리적 인공지능

지은이 변순용
펴낸이 박영률

초판 1쇄 펴낸날 2025년 2월 3일

커뮤니케이션북스(주)
출판 등록 2007년 8월 17일 제313-2007-000166호
02880 서울시 성북구 성북로 5-11
전화(02) 7474 001, 팩스(02) 736 5047
commbooks@commbooks.com
www.commbooks.com

ISBN 979-11-7307-410-3 03500

책값은 뒤표지에 표시되어 있습니다.

차례

인공지능 윤리의 의미 vii

01 AI 시대의 변화 1

02 새로운 지식 생산 주체의 등장 7

03 물을 수 있는 능력과 판단할 수 있는 능력 15

04 생성형 인공지능이 가져온 방향성 갈등 19

05 규제 가능한 AI: 기술윤리적 접근 25

06 규제 가능한 AI: 제도적 접근 39

07 윤리적 AI: 규범적 접근 51

08 윤리적 AI: 조직적 접근 59

09 지속 가능한 AI 67

10 생성형 인공지능의 새로운 방향성 75

인공지능 윤리의 의미

현대 사회와 현대 문명의 위기를 자연의 인간화에서 찾고 자연의 탈인간화와 인간의 자연화를 외치는 니체(F. Nietzsche)의 모습에서 탈현대의 단초를 찾았다면, 이제는 AI 시대에 들어와 기계의 인간화와 인간의 기계화 사이에서 우리가 전통적으로 알던 인간성에서 새로운 인간성을 모색해 보려는 시도가 이뤄지고 있다. 지금 세계는 기계의 인간화, 즉 엄청난 재원을 투자해 가면서 '인간처럼 생각하고 움직이는 행위자(Agent)'를 만들기 위한 시도를 하고 있다. 이와는 반대의 축에서 인간의 기계화, 즉 우리 인간들은 포스트휴먼 내지 트랜스휴먼에 대한 언급을 하면서 신인류 내지 새로운 종의 출현을 주장하기도 한다. 이 두 방향성의 접점에서 우리는 출구를 찾기 위해 윤리적 관점에서 다양한 해법과 연구를 함께 진행하고 있다.

인공지능 기술은 이미 우리 삶의 많은 부분에 도입되어 사용되고 있으며, 미래 사회에는 인공지능 기술이 미치는 영향이 지금보다 더 클 것으로 예상된다. 이러한 인공지능 중심의 사회에 나타날 변화에 대해 다양한 영역에서 긍정적 관심과 동시에 부정적 우려가 제기되고 있으며, 이에 대한 국가적 차원의 대응을 요구하는 목소리도 높아지고 있다. 유럽연합(EU)의 '신뢰할 수 있는 인공지능', 중국의 '책임 있는 인공지능(RESponsible AI)'을 포함하여 2019년부터 각국에서는 인공지능 윤리 가이드라인을 발표하였으며, 우리나라도 2020년에 '사람이 중심이 되는 인공지능 윤리기준'을 발표하였다. 유네스코(UNESCO)에서도 세계 각국 정부와 협의하여 2021년 11월에 '인공지능 윤리 권고'를 발표하였다.

이 책은 인공지능 윤리가 인공성과 자율성의 이중성, 예견적 윤리, 탈인간중심주의적 윤리의 특징을 갖고 있다고 본다. 윤리적 차원에서 바라본 인공지능은 과학기술의 발전으로 인해 등장한 특수한 속성을 지니는 인공적 존재로서 현상 차원에서 영향력을 행사하는 행위 주체에 상응하는 기능을 발휘하기도 하지만, 그 작동 혹은 행위의 결과에 대하여 도덕적 · 법적 책임까지 질 수 있는 독립된 자율적 주체로 간주되기는 힘들다. 인공지능의 '인공성(artificiality)', 즉 인공지능이 인간의 설계와 제작에 의하여 생성되고 속성이 결정된 산물이라고 본다. 인공지능이 인공물임에도 불구하고 현상적으로 책임을 함축하는 행위 주체성(agency) 내지 자율성(autonomy)을 지닌 것처럼 지각될 수 있는 특이성을 지니고 있다는 점에 주목해야 한다.

급속하게 발전하는 과학기술의 영향을 받는 현대 사회에서는 새로운 양상이 나타남에 따라 이에 대응하는 윤리적 논의가 진행되기 마련이다. 인공지능 윤리의 주제 영역에서도 로봇 윤리나 자율주행 차 윤리에 더하여 데이터 윤리와 같은 과거에 없었던 새로운 주제 영역이 등장한다. 인공지능 윤리는 기술철학의 영역에 속하면서도, 동시에 실천윤리학의 영역에 속한다. 다만 인공지능 윤리가 실천윤리학의 다른 영역과 차별되는 특징은 인공지능 윤리가 '앞 북 치는' 윤리의 성격을 갖는다는 것이다. 미네르바의 올빼미처럼 윤리학의 경우 대체로 특정한 문제가 발생하고 나서 이에 대한 해결책을 모색하는 시도가 이루어지기 마련인데, 인공지능 윤리는 발생 가능한 문제들에 대한 '예견적' 관심에서 연구되고 있으며, 아직 기술적으로 실현되지 못한 경우도 고려하여 논의가 진행되고 있다.

그러므로 인공지능이 인간 중심적 관점에 국한되지 않고 도덕적 '행위자'(moral 'act ability')로서의 인공지능의 특성을 가짐을 부정하지 않는다. 물론 인공적 도덕

행위자(AMA, Artificial Moral Agent)로서의 인공지능 시스템은 자율적인 인간처럼 도덕적 판단을 내리고 이를 행동으로 실천할 수 있는 주체, 즉 '도덕적 행위'자('moral act' ability)라고 보기는 어려울 것이다. 그렇지만 인공적 도덕 행위자로서의 인공지능이 나름대로 주변 상황을 지각하여 판단을 내리고 이에 기반하여 특정 행위를 실행할 수 있으며, 그 행위가 관련 주체들에게 도덕적 측면에서 영향을 미칠 수 있다면, 그러한 행위자를 도덕 영역에 영향을 미치는 도덕적 '행위자'로 간주할 수 있을 것이다. 인공지능이 인간과 동등한 자유의지를 지닌 자율적 존재로 자리매김하지는 않겠지만, 적어도 현상적 차원에서 자율적 주체인 것처럼 행위할 수 있다는 것이다. 이런 맥락에서 '위임된 자율성' 혹은 '준자율성(quasi-autonomy)' 개념을 적용할 수 있다.

이와 같은 인공지능 윤리의 성격을 고려하여 개발하게 될 윤리적인 인공지능은 다음의 네 가지 본질을 지녀야 한다. 첫째, 인공지능은 인간의 존엄성과 인권을 보장하여야 한다. AI의 개발 및 활용은 소극적으로는 인간에게 정신적 · 신체적으로 위해가 되지 않음을 전제로 진행되어야 한다. AI로 인한 인권의 침해를 방지하는 것은 물론이고 나아가 적극적으로는 AI 기술 발전으로 인한 인권의 보전과 증진이 이루어져야 한다.

둘째, 인공지능은 사회의 공공선을 증진하도록 설계되고 사용되어야 한다. AI의 소유 및 이용의 권리는 신분, 재산, 성별, 인종과 관계없이 모두에게 개방되어야 한다. 나아가 사회적 AI 시스템은 여러 가지 사회적 불평등 해소에 기여하도록 구축되어야 하고, 지속적으로 관리되어야 한다. 또한 인간 사회의 공동체적 방향 설정 안에서 AI의 개발과 발전은 지속되어야 한다. 분배와 평등의 정의, 풍요로운 삶과 행복의 추구, 공익의 증진이라는 목적을 위해 인공지능과 인공지능 시스템에게 사회적 역할이 부여되어야 한다.

셋째, 인공지능은 기본적으로 문제 해결(Problem solving)을 목표로 한다. 전문적이고 특화된 분야로 분화와 발전을 거듭하고 있는 인공지능 기술은 풍요로운 삶을 위해 지속적으로 부딪히는 문제들을 효율적으로 해결하는 것을 목표로 설정해야 한다. 다시 말해 보다 편리한 삶을 위한 상대적 불편함을 해소하는 것이 지금의 인공지능 기술 발전의 목표라고 할 수 있다. 이러한 점에서 인공지능은 인간을 대신해서 인간이 마주하는 문제를 해결해 주는 역할을 하고 있다. 자전거, 자동차, 확성기 등의 기술이 인간의 신체적 능력을 확장해 주었다면,

인공지능은 이와 더불어 인간의 지능적 능력의 확장을 가져왔다. AI 기술은 인간이 해결을 목표로 설정한 문제와 인간의 행복을 증진시키는 과정에서 부딪히는 문제를 해결할 수 있는 인간의 확장된 신체, 지능의 역할을 수행해야 한다.

넷째, 인공지능은 기본적으로 좋음을 지향해야 한다. 인공지능에 대한 가치 판단의 기준이 될 수 있는 것이 바로 인공지능의 기술 윤리적 좋음이다. AI의 좋음은 AI의 목적과 활용의 측면에서 인간 삶의 행복을 지향하고 이에 대한 실천적 좋음의 기능을 수행하는 것이다. 예를 들어 좋은 헬멧은 비싼 헬멧이거나 이쁜 헬멧이 아니라 유사시에 머리를 잘 보호해 줄 수 있는 헬멧이다. 인공지능은 기본적으로 인공지능의 개발 및 사용 목적에 비추어 그 목적의 긍정적 실현이 보장되도록 추구되어야 한다.

인공지능이 위의 네 가지 요건을 갖출 때 윤리적 인공지능(Ethical AI)이라고 할 수 있으며, 이러한 인공지능과 공존하기 위해서 요청되는 것들을 이 책에 모아 보았다. 그래서 1장에서는 디지털 시대에서 인공지능 시대의 변화적 특징을 살펴보고, 2장에서는 생성형 인공지능의 등장으로 인한 가장 중요한 의미를 새로운 지식 생산 주체의 등장으로 보아 이것이 가지는 인간학적 의미를 들

여다보았다. 3장에서는 생성형 인공지능의 사용에서 무엇보다 중요한 것은 물을 수 있는 능력과 판단할 수 있는 능력임을 강조하고, 4장에서는 챗지피티(Chat GPT)의 등장 이후 현재가 생성형 인공지능에 대한 인간 사회의 방향성 갈등의 시대임을 살펴보았다. 5장에서 9장까지는 앞으로 우리와 공존하기 위한 인공지능의 조건으로 제한된 인공지능(Restricted AI), 윤리적 인공지능, 지속가능한 인공지능(Sustainable AI)을 제시하고, 각각 이를 살펴보았다. 끝으로 10장에서는 이러한 논의를 종합하여 생성형 인공지능의 윤리적 방향성으로 책임 있는 인공지능을 제시하였다.

01
AI 시대의 변화

우리는 이미 디지털 시대에 들어와 있다. 앞으로도 디지털 시대가 지속될 것이지만, 디지털 시대 안에서도 여러 질적인 변화 내지 변형의 단계들을 구분해야 하고, 이에 따른 적절할 대응과 준비가 필요하다. 이 글에서는 과거의 인터넷 디지털 사회와의 구분을 위해 AI 디지털 사회를 사용하고자 한다.

AI와 1인 창업?

생성형 AI의 등장

오픈AI가 개발한 대화 전문 인공지능 챗지피티(Chat GPT)에 사람들의 관심이 집중되면서 구글이 바드(Bard), 마이크로소프트에서도 유사한 기술을 탑재한 빙(Bing)을 출시하면서 생성형 인공지능 간의 경쟁이 시작되었다. 그런데 이 와중에 딥러닝의 아버지라고 불리는 힌턴(Geoffrey Hinton)은 구글사에서 퇴직하면서 AI 챗봇의 위험이 매우 심각해질 것이고, 인공지능이 현재는 인간보다 지능적이지 못하겠지만, 조만간 인간을 초월할 수 있다고 경고하고 있다(Kleinman & Vallance, 2023). 챗지피티를 만들어 낸 오픈AI의 최고 경영자인 올트먼(Sam Altman)은 미 의회 청문회에서 새로운 AI 시스템은 규제되어야 한다고 주장하고 있다(Kang, 2023). 이렇게 최근에 인공지능 기술의 첨단에서 개발을 했거나 하고 있는 사람들의 입에서 자발적으로 기술의 잠재적 위험 가능성과 윤리적 규제의 필요성에 대한 요청이 제기되고 있다.

이와 더불어 전통적인 휴머니즘의 성격에 포함되기 어려운 새로운 인간성의 요소들이 속속들이 등장하고 있다. 예를 들어 인간과 기계의 결합을 통해 인간 능력 향상(human enhancement)을 외치는 트랜스 휴먼의 현상이 나타나고, 딥페이크와 음성 및 표정 관련 기술의 발달로 인해 디지털 휴먼이 등장하고, 인간과 인간처럼 이야기를 나눌 수 있고 더 나아가 감정적 소통까지 이뤄 내는 챗봇이 우리 핸드폰에 탑재되고 있다. 그래서 우리 시대에 그리고 디지털 시대에 요청되는 새로운 휴머니티 내지 디지털 휴머니티가 무엇인지에 대해 생각해 보아야 한다.

생성형 인공지능은 인간과 유사하거나 인간을 뛰어넘을 수 있는 지적 능력을 갖게 된다고 말하고 있다. 우리가 이러한 생성형 인공지능을 왜 필요로 할까? 왜 한쪽에서는 두려워하고 있는 것을 다른 한쪽에서는 계속 업그레이드시키는 것일까?

여기에서 생성형 인공지능의 등장으로 인해 촉발된 디스토피아적 관점을 경계하면서도 생성형 인공지능에 대한 유토피아적 전망에 가려 드러나지 않는 문제점을 살펴보고자 한다. 기술의 사용에 대한 편리함이라는 장점 못지않게 우리가 대가로 지불해야 할 비용에 대한 논의를 해 보고자 한다. 그러기 위해서는 지금 우리의 현주소가 어디인지에 대한 좌표 설정이 필요해 보이고, 이를 위해 디지털 시대라는 막연한 일반 개념에 대한 분석이 선행될 필요가 있다.

표 1-1. 디지털 관련 개념

용어	정의
자료의 디지털화 (Digitization)	아날로그 포맷을 디지털 포맷으로 변환하는 기술적 과정
사회 제도의 디지털화 (Digitalization)	디지털화 기술을 광범위한 사회 및 제도적 맥락에 적용하는 사회기술적 과정
디지털변형 (Digital transformation)	디지털 기술의 기회를 활용하기 위하여 사회 내 제반 조직의 활동, 조직의 경계, 목표의 근본적인 변화가 일어나는 과정

인터넷 디지털 시대와 AI 디지털 시대

인터넷과 웹, 브라우저와 앱을 통한 디지털화(Digitalization)은 머신 러닝과 딥 러닝, 챗봇과 빅 데이터를 통한 인공지능 변형(Digital or AI Transformation)과는 질적으로 다를 수밖에 없다. 디지털화는 디지털 기술 인프라를 만드는 사회적, 제도적 맥락에서 디지털 기술을 적용하는 사회 기술적 과정이다(Holmstroem, 2022).

홀름스트룀(J. Holmstroem)은 아날로그를 디지털로 바꾸는 기술적 과정, 이것을 사회적 맥락으로 확장하는 사회 기술적 과정, 그리고 이러한 과정 자체의 본질적 변형 과정으로 구분하고 있다. 그의 디지털 변형이라는 개

표 1-2. 디지털 변형과 AI 변형

	기술	인터페이스	디바이스	인프라
디지털 변형	인터넷 웹(HTML)	브라우저, 앱	스마트폰	3G, 4G 클라우드
AI 변형	머신러닝 딥러닝	챗봇 에이전트	자동차 로봇	5G 모바일 네트워크 클라우드

념과 달리 인터넷상의 디지털 변형과 AI를 통한 디지털 변형의 구분 필요성을 주장하는 입장도 제기되고 있다. 표 1-1에서 보는 것처럼 전통적인 소프트웨어 개발의 과정과 기계 학습 기반 소프트웨어 개발의 본질적 차이로 인해 AI 변형의 개념이 주장된다.

인터넷과 웹, 소셜넷, 브라우저와 앱, 스마트폰을 기본으로 하는 디지털 변형과 머신 러닝과 딥 러닝, 빅 데이터와 챗봇 등을 기본으로 하는 AI 변형으로 구분해야 할 필요성이 제기되고 있다(표 1-2 참조).

우리는 이미 디지털 시대에 들어와 있으며, 앞으로도 디지털 시대가 지속될 것이지만, 디지털 시대 안에서도 여러 질적인 변화 내지 변형의 단계들을 구분해야 하고,

이에 따른 적절할 대응과 준비가 필요하다. 이 글에서는 과거의 디지털 시대와의 구분을 위해 AI 디지털 사회를 같은 의미에서 사용하고자 한다.

이러한 빠른 변화에 대하여 정보 윤리에서 논의되어 온 디지털 시민성과는 또 다른 측면에서 AI 시민성에 대한 논의의 필요성도 제기되고 있다. 산업 시대에서 디지털 시대로 사회가 변화하면서 디지털 시대에 맞는 디지털 리터러시와 디지털 윤리가 필요했던 것처럼 앞으로의 사회에서는 AI를 올바르게 활용하기 위한 AI 리터러시와 AI 윤리, AI 시민성에 대한 요청이 증가할 것이다.

참고문헌

Holmstroem, J.(2022). From AI to digital transformation: The AI readiness framework. *Business Horizons*, 65(3), pp.329-339.

Kang, C.(2023.5.16). OpenAI's Sam Altman Urges A.I. Regulation in Senate Hearing. *The New York Times*. https://www.nytimes.com/2023/05/16/technology/openai-altman-artificial-intelligence-regulation.html

Kleinman, Z. & Vallance, C.(2023.5.2). AI 'godfather' Geoffrey Hinton warns of dangers as he quits Google. *BBC*. https://www.bbc.com/news/world-us-canada-65452940

02
새로운 지식 생산 주체의 등장

이제는 인공지능이 기계 학습인 딥 러닝을 통해 새로운 지식을 만들어 내기 시작한다. 물론 인공지능의 현재 기술 수준을 고려해 보면, 아직은 감각 수준의 지식이지 고차적인 논증적 지식이나 지혜 수준의 지식은 아니라고 할 수 있다. 그러나 초거대 인공지능들이 도덕적 상식에 의한 추론 과정을 학습하고 있는 것을 보면, 고차적인 수준의 지식도 생산이 가능해질 것이라는 예측이 제기된다.

AI와 MBTI?

도덕적 상식 판단자로서 생성형 인공지능

이제는 인공지능이 기계 학습인 딥 러닝을 통해 새로운 지식을 만들어 내기 시작한다. 물론 인공지능의 현재 기술 수준을 고려해 보면, 아직은 감각 수준의 지식이지 고차적인 논증적 지식이나 지혜 수준의 지식은 아니라고 할 수 있다. 그러나 초거대 인공지능들이 도덕적 상식에 의한 추론 과정을 학습하고 있는 것을 보면, 고차적인 수준의 지식도 생산이 가능해질 것이라는 예측이 제기된다. 초거대 인공지능은 트롤리 딜레마에서 네 명을 살리기 위해 한 명을 치는 선택을 하는 것이 좀 더 윤리적으로 허용 가능하다고 판단을 내리며, 어린아이의 생명을 구하기 위해 곰을 죽이는 것에 대한 질문에는 동의하면서 어린아이를 구하기 위해 핵폭탄을 터뜨리는 것에 대해서는 옳지 않다고 대답하고 있다(Jiang et al., 2021, p.5).

"물론 이러한 판단이 윤리적인 판단이라기보다는 연구진이 말하는 대로 도덕적 상식에 의한 판단이라고 하겠지만, 이러한 판단들에 의해 이뤄진 지식도 있을 것이다"(변순용, 2022, p.107). 그러나 여기서 우리가 좀 더 깊이 생각해 보아야 할 것이 있는데, 그것은 바로 도덕적 상식에 대한 판단과 도덕 판단이 같을 수 있는 것인지에 대해서다. 도덕적 상식에 의한 판단과 도덕 판단의 내용이 같을 수는 있겠지만 같은 것은 아니다. 판단의 내용이 같다고 해서 상식과 도덕이 같은 것이라고 볼 수 없기 때문이다. 열 명의 사람 중에 여덟 명이 안경을 끼고 있다면 안경을 끼는 것이 상식적이라고 볼 수 있겠지만 그렇다고 해서 안경을 끼는 것이 도덕적일 리 없기 때문이다. 따라서 생성형 인공지능이 이러한 상식적 도덕에 의한 판단의 가능성을 가지고 있다고 해서 이 인공지능이 도덕적이라고 바로 간주되기 어려운 이유가 바로 여기에 있다. 그럼에도 불구하고 어쨌든 인간의 상식에 근거한 '도덕적인' 판단을 내릴 수 있는 인간이 아닌 어떤 다른 행위자(non-human agent)가 등장한 것은 분명한 현실이 되어 버렸다.

연역적, 귀납적 사고의 대체 가능성

정보 검색의 경우에서도 지피티(GPT)를 통한 검색(Search 3.0)은 "도서관이나 서점 등 물리적 장소에 직접 가서 서적이나 기사를 찾아가며 정보를 얻었던 1세대 검색(Search 1.0)과 인터넷 검색 엔진에 주제 키워드를 입력해 정보를 얻었던 2세대 검색(Search 2.0)과 차별화된다." 정보 검색의 진화 과정은 다음과 같다(양지훈 · 윤상혁, 2023, p.2). 첫 번째 단계인 검색 1.0은 1990년대 이전으로 인터넷이 보급되기 전이다. 이때는 도서관이나 서점과 같은 물리적 장소에서 정보를 얻었다. 그로 인하여 직접 방문해서 정보를 수동적으로 선별해야 했으므로 비용과 시간이 많이 소요되었다. 또 상대적으로 적은 정보에 대해서만 검색이 가능하며, 유효 정보 자료를 선별하기 위한 검색자의 노력과 전문성이 필요하다. 두 번째 단계인 검색 2.0은 1990년대~2010년대로 디지털 검색이 보편화되고 대중화되는 시기에 해당한다. 이때는 우리가 흔히 알고 있는 검색 엔진 서비스를 이용하여 정보를 얻었다. 다만 유효한 정보를 찾기 위하여 키워드를 잘 개발해야 하고 검색 결과를 정렬하고 정리해야 했다. 이는 정보의 범위를 크게 확장하였지만 여전히 인간 검색자가 이용하는 검색 엔진과 연결된 정보로 한정되었다. 또 검색자는 검색 키워드를 주제에 맞게 체계적으로 구성하고 검색 결과 중 유효한 결과를 정리해야 했다. 세 번째 단계인 검색 3.0은 2020년대 이후로 챗지피티(ChatGPT)가 보급된 이후에 해당한다. 이제는 생성형 AI 서비스로부터 정보를 얻게 된다. 그러나 정보의 사실 여부 확인이 필요하고 시의적인 내용이나 개인마다 의견이 다른 경우에는 답을 얻기 어렵다. 생성형 AI는 자연어 처리와 기계를 이용한 AI 지원 검색 학습 알고리즘을 통해 광범위하게 검색하고, 사용자 피드백과 기타 데이터를 기반으로 검색 기준을 지속적으로 개선한다. 이에 검색자는 기계 학습 알고리즘을 통해 도출된 결과를 직접 해석하고 확인할 수 있어야 한다.

앞에서 살펴본 상식적 도덕 판단 능력을 갖추고, 검색 과정의 변화에서 알 수 있는 것처럼 정보 분석 과정에서 필요한 연역적 · 귀납적 사고를 할 수 있는 인공지능의 등장이 인간에게 가져올 잠재적 영향력을 평가해 봐야 할 것이다. 이러한 영향력은 긍 · 부정의 양 측면을 동시에 가질 수밖에 없고, 결국 우리는 긍정적 방향을 유지하면서도 부정적 효과의 크기를 최소화하는 방향을 택할 수밖에 없다. 이러한 어찌 보면 뻔한 결론을 말하고 끝내자는 것이 아니다. 생성형 인공지능의 개발과 사용의 구체적인 방향성을 설정하는 것이 중요하다. 생성형 인공지능과 인간처럼 대화하는 것이 가능해지고, 수많은 데이터를 정리해서 우리에게 말해 주고, 주어진 요소들을 결합하여 만든 결과물을 보여 주는 기계의 등장은 지금까지 기계가 하지 못했던 일들을 기계가 할 수 있음을 보여 주고 있다. 인간과 대화하고, 인간이 필요로 하는 정보를 찾아 주거나 만들어 줌으로써 기계는 인간의 요구를 충족해 줄 수 있는 능력을 가진 행위자로 등장하고 있다. 주인의 모든 것을 해 주는 노예들을 거느린 주인의 딜레마에서 결국 주인은 노예 없이는 더 이상 아무것도 할 수 없는 종속적 존재로 전락해 버릴 수 있는 것처럼, 우리는 기계의 능력에 해당하는 능력의 (긍정적으로 보면) 전환 내지 (부정적으로 보면) 퇴화라는 비용을 지불할 수밖에 없다. 마치 종이 위에 글을 쓰던 능력이 키보드를 치는 능력으로 전환되었음에도 원고지에 만년필을 끄적이던 향수를 운운하면서도 결국 글자를 종이 위에 쓸 수 있는 능력의 퇴화를 맞이하는 것처럼 말이다.

이러한 현상이 이성적 사유의 가장 기본이 되는 귀납적 사유와 연역적 사유의 능력에도 해당이 될 것이다. 인터넷 디지털 시대에서 검색 결과가 a,b,c,d, …, n을 보여준다면, AI 디지털 시대에서는 예를 들어 지피티는 기존 데이터의 일반화된 형태로, a,b,c,d, …, n에서 공통되거나 다수의 견해를 정리하여 결과치를 우리에게 보여 주는 차이가 나타난다. 이제 우리는 이러한 사고의 능력을 유지할 수 있을까에 대한 우려에 반하여 일상적인 계산에서 계산기를 두드린다고 해서 우리의 계산 능력이 해체되거나 사라지는 것은 아닐 거라고 말하면서 자기 위로를 해야 할지도 모르겠다.

참고문헌

변순용(2023). 지식 생산과 소비의 새 플랫폼으로서의 유튜브의 윤리적 문제에 대한 연구. ≪인공지능인문학연구≫, 12, 101–118쪽.

양지훈·윤상혁(2023). ChatGPT를 넘어 생성형(Generative) AI 시대로: 미디어·콘텐츠 생성형 AI 서비스 사례와 경쟁력 확보 방안. ≪미디어 이슈 & 트렌드≫, 55, https://www.kca.kr/Media_Issue_Trend/vol55/KCA55_22_domestic.html

Jiang, L., et al.(2021). Can Machines Learn Morality? The Delphi Experiment. https://doi.org/10.48550/arXiv.2110.07574

03
물을 수 있는 능력과 판단할 수 있는 능력

생성형 인공지능에 의해 생산된 지식의 진위 판정에서 문제가 발생할 수밖에 없다. 즉 생성형 인공지능은 기존의 데이터를 모두 참이라고 전제할 수밖에 없을 것이고, 데이터의 출처가 제한되어 있거나 동일한 내용의 데이터로 인하여 생산된 지식의 근거에 다양성이 존재하지 않는 경우도 있을 것이다. 결국 물을 수 있는 능력은 판단할 수 있는 능력을 전제로 사용되어야 한다.

AI와 난임 극복?

거대 언어 모델과 프롬프트

프롬프트 엔지니어링(Prompt Engineering)이라는 방법론의 강조는 생성형 인공지능에서 입력값의 중요성을 보여 준다. 여기서 프롬프트는 거대 언어 모델(Large Language Model, LLM)로부터 응답을 생성하기 위한 입력값을 의미하며, 프롬프트 엔지니어링은 거대 언어 모델로부터 높은 품질의 응답을 얻어 낼 수 있는 프롬프트의 조합을 찾는 작업을 의미한다. 그리고 거대 언어 모델은 방대한 규모의 데이터셋을 바탕으로 특정한 텍스트, 이미지, 영상을 인식하고, 변환하며, 가공 또는 생성해 내는 데에 쓰이는 딥 러닝 알고리즘의 일종이다. 대체로 쉽고 간결한 표현, 열린 질문보다는 닫힌 지시문의 선호, 수행할 작업 조건의 구체적 명시, 지시의 맥락 제공 등이 강조되고 있다(홍성진, 2023).

물음의 다양한 차원에는 블로서(P. E. Blosser)가 구분했던 인지, 기억적 사고인 폐쇄적 질문(closed question)과 확산적 사고, 평가적 사고인 개방적 질문(open question)이 있고, 단순 지식을 상기하는 재생적 질문과 분석 · 종합 · 평가하고 합리적 결정을 내리는 추론적 질문, 새로운 사태에 적용하고 발전시키는 적용적 질문 등이 있다. 그런데 프롬프트 엔지니어링에서 강조되는 물음의 형태를 살펴보면, 물음의 형태보다는 닫힌 지시문의 형태가 생성형 인공지능의 생산물의 품질을 높이는 것으로 보인다. 인간의 질문의 형식에는 매우 다양한 형태와 층위가 존재하는데, 이러한 물음의 저차원적인 형식을 반복함으로써, 우리는 고차적 형태의 물음에서 점점 멀어지게 될 위험이 나타난다.

생성형 인공지능의 지식

생성형 인공지능에 의해 생산된 지식의 진위 판정에 대한 기준에 대한 문제가 제기될 수 있다. 즉 생성형 인공지능은 기존의 데이터를 모두 참이라고 전제할 수밖에 없을 것이다. 디지털화된 데이터만 학습과 검색이 가능한데, 이것도 접근이 가능한 오픈 데이터에 한정되기 때문에 학습하거나 검색할 수 있는 데이터의 소스가 제한적일 수밖에 없다. 그리고 지식의 성격상 하나의 지식에 대한 다양한 판단이 존재하는 데이터의 경우가 일반적이다. 이럴 경우에 데이터의 참의 근거는 그러한 데이터의 수가 많음으로 판정할 수밖에 없다. 물론 여기서 말하는 것은 데이터의 내용에 대한 진리 판단을 말하는 것이며, 디지털화된 수많은 데이터의 참, 거짓을 구분할 수 있는 시스템을 만들어 내기가 쉽지 않을 것이다. 결국 생성형 인공지능이 채택하는 데이터는 다수의 데이터에서 확보된 내용일 수밖에 없을 것이지만, 내용의 진위가 다수결에 의해 결정될 수 없음은 분명하다.

이미 허위 정보를 진짜처럼 묘사하는 환각(Hallucination)의 문제에 대한 언급이 많이 이뤄지고 있다. 마치 활자화된 책이 귀했을 시절에 활자의 위력에 빠져서 활자화된 책의 내용에 대한 진실성을 의심하지 않았던 경우와 유사한 경험을 우리는 지금 컴퓨터 모니터나 핸드폰의 화면을 보면서 하고 있는 것일지도 모른다. 생산된 지식의 진리성에 대한 판단의 필요성도 중시되어야 하지만, 잘못된 지식의 생산에 대한 검증 또한 중요한 이유가 바로 여기에 있다.

참고문헌

홍성진(2023.2.12). ChatGPT를 비롯한 대화형 AI 서비스에서 더 좋은 결과물을 얻게 해주는 프롬프트 엔지니어링 (Prompt Engineering). seongjin.me. https://seongjin.me/prompt-engineering-in-chatgpt/

04
생성형 인공지능이 가져온 방향성 갈등

4차 산업혁명의 1차 쇼크가 알파고 쇼크였다면 2차 쇼크는 챗지피티(ChatGPT)다. 그런데 이 두 쇼크의 충격은 비슷한 듯하지만 다르다. 알파고 쇼크가 인공지능 기술의 혁신을 촉발했다면, 챗지피티 쇼크는 인공지능에 대한 두려움의 뇌관을 건드렸다고 나는 생각한다.

AI와 사주?

인공지능의 개발 방향성

4차 산업혁명의 1차 쇼크가 알파고 쇼크였다면 2차 쇼크는 챗지피티다. 그러나 이 두 쇼크의 충격은 비슷한 듯하지만 다르다. 알파고 쇼크가 인공지능 기술의 혁신을 촉발했다면, 챗지피티 쇼크는 인공지능에 대한 두려움의 뇌관을 건드렸다고 나는 생각한다. 챗지피티가 알려지면서 사람들은 기술적 변화의 방향성에 놀라워하면서도 새로운 두려움을 느끼게 된 것으로 보인다. 이를 보여 주는 사례가 바로 최근 챗지피티를 개발한 오픈AI(OpenAI) 내부에서 일어난 일이다. 오픈AI의 최고 경영자인 샘 올트먼(Sam Altman)은 이사회로부터 해임을 통보받고 마이크로소프트(Microsoft, MS)로 영입되었다가, 며칠 만에 직원들의 집단행동에 의해 다시 오픈AI로 복귀하게 된다. 이번 일의 배경으로 주로 언급되는 것이 '인공지능의 개발 속도와 안전성'에 관한 내부적 갈등 이슈다. 이러한 내막이 사실인지 아닌지를 떠나서 이번 일은 '현재 진행되고 있는 인공지능 개발의 방향성이 과연 적절한가?' 또는 '그렇다면 진정 인공지능 개발의 방향성은 어떠해야 하는가?'에 관하여 진지한 성찰의 필요성을 던지고 있다.

마찬가지로 서두에서 언급했던 알파고 역시 구글

(Google)의 딥마인드(DeepMind)에 의하여 개발되었는데, 구글도 2020~2021년에 인공지능 윤리 관련 부서 팀원들을 연달아 해고하면서 유사한 문제를 겪었다. 구글은 '윤리적 인공지능(Ethical AI)' 부서 공동 팀장인 팀닛 게브루(Timnit Gebru)를 2020년 12월에, 마거릿 미첼(Margaret Mitchell)을 2021년 1월에 해고했다. 이러한 일들은 여타의 빅테크 기업들에서도 나타났는데, 2023년 초에 아마존(Amazon) 역시 '책임감 있는 인공지능' 팀의 구성원들을 해고하거나 타 부서로 이동시켰고, MS도 인공지능 윤리팀을 해체했다. 트위터(Twitter)나 메타(Meta)에서도 비슷한 사례가 있었다. 물론 이 사례들의 경험을 통해서 알 수 있는 바처럼, 인공지능 개발의 방향성을 기업에 맡겨 놓을 수는 없으며, 각 기업의 입장을 넘어서서 인공지능 개발 주체들이 향후 인공지능을 어떻게 개발할 것인지에 관하여 지속적으로 살펴보아야 할 필요가 있다.

윤리적 진공 상태

어느 미술 작가가 자신의 작품을 인공지능에게 학습을 시키고 나서 이 인공지능으로 하여금 그림을 그리게 하여 전시회를 열고 판매까지 한다면 이 그림의 저작권은

누구에게 있을까? 이와는 다른 느낌이겠지만, 자기가 썼던 논문들을 가지고 학습시킨 후 주제를 주고 논문을 작성하게 했다면 이 논문의 저자는 누구일까에 대한 문제도 생긴다. 어쩌면 생성형 인공지능이 제1저자가 되는 날도 다가오지 않을까 하는 우려도 발생한다. 이처럼 인공지능에 의해 만들어진 생성물의 성격을 어떻게 규정해야 하는지 결정하는 것이 그리 간단하지 않을 것이다.

생성형 인공지능의 학습을 위해 사용되는 수많은 데이터들은 어디서 나오고, 데이터의 사용에 대한 동의를 받은 데이터인지 누가 확인하며, 이 데이터들이 인공지능이 학습하기에 정말 적절한 것인지에 대해서 과연 개발자가 단독으로 '잘' 판단할 수 있을까? 데이터의 적절성을 인공지능이 결정할 수 있다고 해도 문제가 될 것이고, 누군가가 판단해야 한다면 이 또한 인위적 조작과 편향의 문제가 제기될 수밖에 없다. 왜냐하면 인공지능은 "콩 심은 데 콩 나고, 팥 심은 데 팥 나기 마련"이기 때문이다. 우리가 특정 알고리즘이나 챗봇이 편향적이라고 하지만, 사실 알고리즘이나 챗봇이 편향적인 것이 아니라 이들이 학습한 데이터 자체가 편향적이기 때문이다.

생성형 인공지능에 대해 모두가 놀라워할 때, 개인 정보 침해의 문제 제기로 챗지피티에 대한 접속 금지를 요청했던 이탈리아 정부는 오픈AI로부터 개인 정보 보호를 위해 정보 수정 기능과 이용자 연령 확인 장치의 도입을 약속받고 한 달여 만에 이러한 조치를 철회하였다(오로라, 2023). 이와는 다른 양상에서 흥미를 끄는 것은 디지털 기기가 아동의 문해력에 악영향을 끼친다고 하면서 종이책과 필기도구를 활용한 '전통 교육 방식'을 재도입해야 할 것을 강조하고 있는 스웨덴의 경우다(임우섭, 2023). 이 사례를 보면서 우리는 진지하게 그 이유를 생각해 봐야 한다. 디지털 교과서와 AI 튜터를 강조하고 있는 한국의 교육적 상황에서 유치원 교육이나 초등교육에서 스웨덴의 이러한 디지털 학습 중지를 재차 강조하고 있는 사례의 이유를 면밀히 살펴보아야 한다. 이러한 사례들을 살펴보면 현재 인류는 인공지능 기술의 도입으로 사회적 변화에 대한 정확한 판단을 내리지 못하고 있는 '윤리적 진공상태(Das Ethische Vakumm)'에 빠져 있다고 할 수 있다.

참고문헌

오로라(2023.4.30). 이탈리아, 챗GPT 금지 한 달만에 '사용 재개'. ≪조선경제≫. https://www.chosun.com/economy/economy_general/2023/04/30/LMPUWCCXJNHH3ISPQPEKYAKA4A/

임우섭(2023.9.14). "태블릿 학습이 성적 떨어트린다"...819억 들여 종이책 구입하는 스웨덴. ≪파이낸셜뉴스≫. https://www.fnnews.com/news/202309130944075272

05
규제 가능한 AI: 기술윤리적 접근

모든 기술은 항상 긍정적 측면과 부정적 측면을 동시에 가지고 있는데, 사회적으로 영향력이 강한 기술들은 대체로 신화라고 거론될 정도의 유토피아적 전망과 디스토피아적인 우려를 동반한다. 여기서 문제 해결의 방향은 항상 비관적인 결과를 제거 내지 완화하는 쪽으로 초점이 맞춰지는 것이 기술의 발전 방향성을 논의하는 데 일반적이다.

AI와 아이돌?

인공지능 규제의 필요성

모든 기술은 항상 긍정적 측면과 부정적 측면을 동시에 가지고 있는데, 사회적으로 영향력이 강한 기술들은 대체로 신화라고 거론될 정도의 유토피아적 전망과 디스토피아적인 우려를 동반한다. 여기서 문제 해결의 방향은 항상 비관적인 결과를 제거 내지 완화하는 쪽으로 초점이 맞춰지는 것이 기술의 발전 방향성을 논의하는 데 일반적이다.

이 연구에서 구체적으로 다루고 있는 인공지능 기술은 인간 삶의 양식을 많이 바꾸고 있다. 세계 최대 규모의 국제전자제품박람회(Consumer Electronics Show, CES)에서 기업들은 일상생활과 밀접한 전자 제품을 주로 소개하는데, 특히 구글(Google), 마이크로소프트(Microsoft, MS), 아마존(Amazon) 등의 글로벌 빅테크 기업이 참가했던 'CES 2023'에서는 메타버스, 웹3, 모빌리티, 디지털 헬스, 지속 가능성, 휴먼 시큐리티 등과 함께 핵심 키워드로 인공지능이 등장하였다. 그리고 'CES 2024'에서는 아예 인공지능이 모든 기기에 적용되는 '온디바이스 AI(On-Device AI)' 제품들이 화두가 되었다. '온디바이스 AI(On-Device AI)'는 '에지 AI(edge AI)'라고도 불리며, 데이터를 물리적으로 분리되어 있는 클라우드 AI로 전송하여 처리하던 기존의 방식과 다르게 기기 자체에 AI 기능을 구현하는 방식을 뜻한다. 이는 기존의 방식보다 이용자 최적화와 반응 속도의 신속성에서 강점이 있다. 'CES 2025'에서는 연결하고(Connect), 해결하며(Solve), 발견하고(Discover), 뛰어들자(Dive in)를 강조하면서 현대 사회에서 인공지능, 모빌리티 혁신, 디지털 헬스 케어, 지속 가능성 그리고 양자 컴퓨팅을 주요 키워드로 설정하였다. 그리고 실생활의 모든 영역에서 AI 기술이 만들어 내는 변화를 강조하고 있으며, 특히 휴머노이드와 생성형 인공지능의 결합이 매우 중요한 이슈로 부상하고 있다. 이러한 상황은 인공지능이 인간의 생활에 밀착되고 있음을 보여 주고 있으며, 달리 말하면 인공지능의 사회적 영향력이 점차 증대되고 있음을 알 수 있다.

이러한 인공지능의 적용 일반화는 광범위한 작업을 처리할 수 있는 범용 인공지능(Artificial General Intelligence)의 등장이다. 그에 따라서 함께 논의되고 있는 것이 인공지능의 위험 수준을 고려하는 것, 그리고 그러한 위험을 관리하기 위해 인공지능을 규제하거나 제한하는 것이다. 알파고로부터 촉발된 인공지능의 부흥과 더불어 인공지능을 향한 우려 섞인 목소리는 생성형 인공지능이 성행하기 전까지는 대체로 구속력이 적은 윤리 가이드라인 수준의 기준이나 원칙 정도로 나타났다. 그러나 생성형 인공지능이 등장하자 점점 인공지능을 규제하고 제한하고 통제할 수 있는 구속력이 필요하다는 주장이 점점 힘을 받고 있다.

인공지능 데이터 관련 기술적 조치

기술윤리적 접근(technological-ethical approach)은 인공지능이 인간과 사회에 해를 끼치지 않도록 안전성과 윤리성을 실현하기 위하여 기술적인 과정에 대한 윤리적으로 적절한 조치를 구현하는 것이다. 이때 기술윤리적 규제는 인공지능 학습용 데이터, 인공지능 알고리즘 및 모델을 중심으로 논의할 수 있다.

첫 번째로 고려 가능한 것은 인공지능 학습용 데이터와 관련된 조치다. 인공지능에 어떠한 학습 데이터를 제공하는지에 따라 학습 결과가 달라진다. 쉽게 말해서 챗봇에 편향되거나 개인 정보가 담긴 학습 데이터를 제공하여 챗봇이 차별적인 표현을 사용하거나 개인 정보를 그대로 노출하는 출력 결과가 나타나는 경우를 단적인 예로 들 수 있을 것이다. 이처럼 비윤리적 성격의 인공지능 학습용 데이터가 가져올 윤리적 문제 때문에 "데이터의 윤리적 정제의 필요성, 데이터 수집에서의 윤리적 절차 수립의 필요성"(변순용, 2023, p.192)이 강조되고 있다.

따라서 인공지능 학습용 데이터에 관한 기술적 조치의 윤리성은 데이터 윤리의 관점으로부터 출발하는 것이 중요하다. 데이터 윤리를 정의할 때 핵심이 되는 개념으로 '데이터 권리'와 '데이터 책임'을 제시할 수 있다(변순용, 2023, p.200). 데이터 권리는 다음과 같이 설명된다.

> '데이터 권리'는 데이터가 어디로부터 생산되었는가와 직접적으로 연관되어 있어 데이터의 출처 제공자에게 부여될 수 있는 것이지만, 그럼에도 인공지능과 빅데이터의 발전으로 데이터의 공유와 개방으로 사회의 공공성을 보장할 수 있다는 측면에서 공공의 권리로 환원되기도 한다고 볼 수 있다. 그러므로 데이터 권리의 균형점을 찾아가는 과정은 데이터 윤리에서 대단히 중요한 과제라고 여겨진다(변순용, 2023, p.205).

데이터 권리는 데이터를 규제하고자 할 때 데이터와 연관된 주체를 설정하고 해당 주체를 보호하는 것의 중요성을 담고 있는 개념이다. 그러나 사회적으로 요청되는 데이터 권리의 공공적 환원 가능성이 제기되는 경우가 있으므로, 일부 데이터는 사회 공공선 증진을 위하여 예외적으로 처리될 수 있음을 확인할 수 있다. 데이터 책임은 다음과 같이 설명할 수 있다.

> '데이터 책임'은 데이터로 인해 발생되는 윤리적 쟁점들에 어떻게 대응할 것인가에 연관되어 있는 것이다. 결국 데이터 책임은 데이터 주체들이 여타의 데이터윤리의 핵심 가치들을 충분히 고려하도록 하여 궁극적인 목표를 이룰 수 있도록 하는 기반에 해당하기에 또 하나의 필수 사항이라고 볼 수 있다(변순용, 2023, p.205).

위의 설명으로 보아 데이터의 생성, 수집, 가공, 이용, 평가, 폐기 등의 모든 처리 절차에서 윤리적인 고려가 적절히 이루어지도록 하는 책임의 연속성이 특히 강조되고 있다. 그리고 이와 함께 구체적인 데이터 윤리의 핵심 가치로 프라이버시 보호, 공공성, 공정성, 피해 최소화, 신뢰성, 연대성, 투명성, 검증의 지속가능성, 안전성이 제시되고 있다(변순용, 2023, p.206). 이를 바탕으로 인공지능 학습용 데이터를 규제하고자 할 때 책임의 연속성을 보장하고 준거로서의 기준으로 책임을 설정하는 것이 지니는 중요성을 확인할 수 있다.

그렇다면 실제로 인공지능 학습용 데이터의 생산자가 데이터를 처리하거나 소비자가 데이터에 노출되는 전반적인 과정에서 어떠한 윤리적인 규제가 가능할지 확인해 보자. 이와 관련하여 변순용 외(2023)는 '인공지능 학습용 데이터의 윤리 프레임워크(이하 윤리 프레임워크)'를 개발하여 제안하고 있다.

여기서 강조되는 윤리 프레임워크의 특성은 다음과 같다. 첫째는 생산자와 소비자라는 데이터 주체를 규제의 당사자로 설정하여 데이터 규제의 포괄성을 마련했다는 점이다. 둘째는 관련된 데이터 주체 모두가 데이터 처리의 전 과정에서 연속적인 책임을 다하도록 했다는 점이다.

상기된 프레임워크가 윤리에 초점이 맞추어져 있다면 과학기술정보통신부(이하 과기부)와 한국지능정보사회진흥원(NIA)에서 제작한 '인공지능 학습용 데이터 품질관리 프레임워크(이하 품질관리 프레임워크)'는 조금 더 기술에 초점이 맞추어져 있다. 품질관리 프레임워크는 인공지능 학습용 데이터의 품질을 '사용자에게 유용한 가치를 주는 수준'과 관련지어 정의하고 있는데(한국지능정보사회진흥원, 2023, p.5), 다만 여기서 말하는 유용함이 어떻게 정의되는가에 따라 품질관리의 결과가 달라질 수 있으므로 품질관리의 가치를 설정하는 데 유의해야 할 필요가 있다. 또한 품질관리 프레임워크는 인공지능 학습용 데이터의 품질관리 체계를 생애 주기에 기반하여 제시하고 있다.

구체적으로 품질관리 프레임워크와 함께 안내되고 있는 개인 정보 보호와 관련한 기술적 조치 사례를 살펴보자. 먼저 텍스트 데이터 개인 정보의 경우 포함하지 않아야 할 정보를 필터링하는 정제 기준을 마련할 필요가 있다. 다음으로 음성 데이터 개인 정보의 경우 발화된 내용을 전사하는 과정에서 비식별화 조치를 수행할 수 있다. 또한 이미지 데이터 개인 정보의 경우 개인 정보에 해당하는 얼굴, 숫자 등에 흐림 효과(blur), 모자이크(pixelation), 이미지 합성 등의 처리를 하여 비식별화 조치를 할 수 있다.

거대 언어 모델의 기술적 조치

두 번째로 고려 가능한 것은 챗지피티(ChatGPT)와 같은 거대 언어 모델(Large Language Model, LLM)에서 사용되고 있는 기술적 제한 조치다. 최근 거대 언어 모델의 합목적성을 제고하고 그로 인하여 윤리적 가치를 고양하고자 고안되고 있는 개념이 '인공지능 정렬(AI alignment)' 또는 '가치 정렬(value alignment)'이다. 이와 관련하여 미국의 인공지능 기업 앤스로픽(Anthropic)은 정렬 기준으로 '유용성(Helpful)', '정보 정확성(Honest)', '무해성(Harmless)'의 '3H'를 제시하고 있다(Askell et al., 2021, p.3). 유용성은 인공지능이 간결하고 효율적으로 작업을 수행하는지, 후속 질문을 통해 세부 정보를 획득하는지, 정보가 잘못된 요청을 리디렉션하는지 등과 관련된다. 둘째, 정확성은 인공지능이 정확한 정보를 제공하고 정보의 불확실성을 표현하는지, 자신의 능력과 지식 수준에 대해 정직한지 등과 관련된다. 셋째, 무해성은 인공지능이 공격적이거나 차별적이지 않은지, 위험한 수행 요구를 판단하고 이를 적절히 거부하는지 등과 관련된다. 이처럼 인공지능 모델을 어떠한 가치로 정렬할 것인가를 결정하는 것은 기술적 규제의 핵심 골조이자 뿌리가 되므로 매우 중요하다고 볼 수 있다.

이렇게 인공지능 정렬 및 가치 정렬 기준이 결정되고 나면 그러한 목표에 부합하는 거대 언어 모델을 개발하기 위한 적절한 기계 학습 방식을 적용하려는 노력이 요구된다. 그리고 최근 오픈AI(OpenAI)의 지피티(GPT), 앤스로픽의 클로드(Claude), 메타(Meta)의 라마(LLaMA)와 같은 거대 언어 모델은 '인간 피드백 강화 학습(Reinforcement Learning from Human Feedback, RLHF)' 방법론을 적용한다. 강화 학습은 기본적으로 모델이 행동에 따른 보상을 바탕으로 행동 가치를 평가하며 학습하는 방법인데, RLHF는 모델에게 인간의 선호도를 나타내는 긍·부정 또는 순위 형식의 피드백을 보상으로 제공하는 방식이다. RLHF는 보통 다음의 단계를 따른다. 첫째, 사전 학습 언어 모델(Pre-training Language Model, PLM)을 제작한다. 만들어진 PLM은 RLHF의 기본 모델이 된다. 둘째, 가공된 라벨링 데이터를 통해 '감독된 미세 조정(Supervised Fine-Tuning, SFT)'을 실시한다. 여기서 가공된 라벨링 데이터는 인간이 프롬프트에 응답하는 예시이며, 이러한 데이터셋으로 지도 학습한 PLM은 인간이 의도하는 방식을 학습하게 된다. 셋째, 보상 모델(Reward Model, RM) 학습용 데이터셋을 구축하여 RM을 학습한다. RM 학습용 데이터셋은 앞서 산출된 SFT 모델이 준비된 프롬프트에 대한 응답을 생성하면 각 응답에 인간 평가자(또는 레이블러)가 선호도를 표시하는 것으로 구축된다. 그리고 구축된 데이터셋을 통해 학습한 RM은 이제 인간 보상 방식을 학습하게 된다. 넷째, 정책(policy)을 최적화하기 위하여 '강화 학습 미세 조정(Reinforcement Learning Fine-Tuning, RLFT)'을 실시한다. 이 단계는 인간 선호도를 가장 잘 반영할 수 있는 인공지능 모델의 정책을 찾기 위해 정책을 RM을 통해 계속하여 업데이트하는 단계로 강화 학습 알고리즘인 '근접 정책 최적화(Proximal Policy Optimization, PPO)'가 자주 이용된다.

RLHF의 주된 특성은 인간이 요구하는 가치를 인간이 직접적으로 피드백하여 선호도를 적극적으로 반영할 수 있는 인공지능 모델을 개발할 수 있다는 점이다. 이 경우 의도한 바와 같이 인공지능 모델이 실제로 정렬 기준에 대한 근삿값을 가지는지 테스트하기 위하여 벤치마크 데이터셋을 활용할 수 있다. 그러한 예로 'Bias Benchmark for QA(BBQ)'는 사회적 취약 계층을 둘러싼 편향을 알아보기 위해 구성된 벤치마크 데이터셋이다(Parrish et al., 2022, p.2). BBQ에서는 취약 계층의 사회적 편향이 발생할 수 있는 사회적 차원의 범주를 나이(age), 장애 상태(disability status), 성 정체성(gender identity), 국적(nationality), 신체적 외모(physical appearance), 인종/민족(race/ethnicity), 종교(religion), 사회 경제적 지위(socio-economic status), 성적 지향(sexual orientation)

의 아홉 가지로 구분하여 제시하고 있다. BBQ가 인공지능 모델을 평가하는 수준은 두 가지가 있다. 첫째는 정보가 부족한 대화 상황에서의 사회적 편향 반영 강도고, 둘째는 정보가 적정한 대화 상황에서의 올바른 답변에 대한 사회적 편향 우세 정도다. 또 다른 예로 언어 모델이 인종 차별이나 성차별 같은 독성(toxic) 언어를 생성하는 정도와 독성 변질 방지의 측면에서 제어 가능한 알고리즘의 효율성을 조사하는 프롬프트 데이터셋인 'RealToxicityPrompt'가 있다(Gehman, 2020, p.1). 건강, 법률, 금융, 정치 등의 38개 범주에서 마련된 질문에 대해 생성된 응답이 진실한지 측정하는 벤치마크인 'TruthfulQA(TQA)'도 하나의 비슷한 예다(Lin et al., 2022, p.1). 이처럼 인공지능 모델이 정렬되는 가치를 깊이 숙고하여 인공지능 모델이 그러한 가치로 정렬되는가를 인간이 직접 피드백하고 평가하는 방식의 기술적 규제의 시도가 이루어지고 있으며, 이것은 '규제 가능한 AI'라는 목표 달성을 위해 대단히 중요할 것이다.

참고문헌

변순용(2023). 데이터윤리의 의미와 원칙에 대한 연구. ≪초등도덕교육≫, 83, 189-213쪽.

변순용 외(2023). 『인공지능(AI)의 학습용 데이터 윤리 가이드라인에 대한 연구』. 한국교육학술정보원. https://www.keris.or.kr/main/ad/pblcte/selectPblcteRRInfo.do?mi=1138&pblcteSeq=13683.

한국지능정보사회진흥원(2023). 『인공지능 학습용 데이터 품질관리 가이드라인 및 구축 안내서 v3.0 (제1권 품질관리 가이드라인 v3.0)』. 한국지능정보사회진흥원. https://www.nia.or.kr/site/nia_kor/ex/bbs/View.do?cbIdx=26537&bcIdx=25370&parentSeq=25370.

Askell, A., et al.(2021). A general language assistant as a laboratory for alignment. https://doi.org/10.48550/arXiv.2112.00861

Gehman, S., et al.(2020). Realtoxicityprompts: Evaluating neural toxic degeneration in language models. https://doi.org/10.48550/arXiv.2009.11462

Lin, S., et al.(2021). TruthfulQA: Measuring how models mimic human falsehoods. https://doi.org/10.48550/arXiv.2109.07958

Parrish, A., et al.(2021). BBQ: A hand-built bias benchmark for question answering. https://doi.org/10.48550/arXiv.2110.08193

06
규제 가능한 AI: 제도적 접근

인공지능의 윤리 문제가 나타나고 생성형 인공지능이 디지털 사회구조의 질적 변화를 일으키기 시작했다. 인공지능으로 야기될 위험이 가시화되면서 인공지능을 제한하고 통제할 필요성에 대한 공감대가 넓게 형성되기 시작했다.

AI와 야구?

인공지능의 법적 규제

생성형 인공지능이 디지털 사회구조의 질적 변화를 일으키기 시작했다. 인공지능으로 야기될 위험이 가시화되면서 인공지능을 제한하고 통제할 필요성에 대한 공감대가 넓게 형성되기 시작했다. 그로 인하여 강제력과 구속력을 행사하기 위한 타당성, 적정성, 정당성을 증명하기 어려워 기준, 지침, 원칙 등의 윤리 규범 수준이 대다수였던 기존 규제 방식의 한계를 바탕으로 규제의 전환과 확장이 요청되었다(박혜성 외, 2021, pp.5-6). 카짐 외(Kazim et al., 2021, p.220)는 유사한 맥락으로 처음에는 인공지능 윤리 원칙이 제정되고 배포되었으며, 다음으로 윤리적인 인공지능을 공학적으로 설계하였고, 이후에는 인공지능 윤리 원칙을 표준화하고 구체화하였다고 인공지능 윤리의 규제 전환 과정을 설명하였다. 이 같은 배경 속에서 '신뢰할 수 있는 인공지능을 위한 윤리 가이드라인(Ethics Guidelines for Trustworthy AI)'라는 인공지능 윤리 지침을 마련한 유럽연합(EU)은 더 나아가 '인공지능법(AI Act)'을 제정하기에 이르렀다. 인공지능법은 세계 최초의 인공지능 기술 규제 법률로 기존에는 미약했던 규제의 강제력과 구속력을 높이는 계기가 되었다.

자세히 살펴보면 2021년 4월에 유럽연합 집행위원회에 의하여 유럽연합 의회에 발의된 인공지능법은 상당한 기간의 협상 과정을 거쳐 2023년 12월에 위원회, 의회, 회원국 대표에 의하여 잠정 합의에 도달했다. 주요 내용을 보면 인공지능법은 인공지능 시스템이 초래할 위험 정도에 따라 법적 개입 수준을 조정하는 '위험 기반 접근법(Risk-based approach)'을 채택하고 있다(변순용 외, 2023, pp.43-45; 이숙연, 2023, pp.466-467; Madiega, 2023, pp.4-6). 위험 기반 접근법에서 인공지능 시스템의 위험 수준은 다음의 네 가지로 구분된다.

첫째 위험 수준은 '허용할 수 없는 위험(Unaccep- table risk)'이며, 여기에 해당하는 인공지능 시스템의 실행은 명시적으로 금지된다. 구체적으로는 유해하고 교묘한 잠재의식에 영향을 미치는 기술을 사용하는 경우, (신체적 또는 정신적 장애가 있는) 특정 취약 계층을 착취하는 경우, 공공 기관이나 공공 기관을 대신하여 개인의 사회적 신용도, 신뢰도, 충성도 등을 평가하는 소셜 스코어링(social scoring) 목적의 경우, 공개된 장소에서의 법 집행을 위한 실시간 원격 생체 인식 시스템의 경우 등이 그 예로 제시되고 있다.

둘째는 '고위험(High risk)'으로, 두 가지 범주가 제시되고 있다. 그중 하나는 제품의 안전 구성 요소로 사용되거나 유럽연합 보건 안전 조정 법률에 해당하는 시스템이다. 다른 하나는 ① 자연인의 생체 인식 및 분류, ② 핵심 인프라의 관리 및 운영, ③ 교육 및 직업 훈련, ④ 고용, 근로자 관리, 자영업으로의 접근, ⑤ 필수 공공/민간 서비스로의 접근, ⑥ 법 집행, ⑦ 이주, 망명, 국경 통제 관리, ⑧ 정의 및 민주적 절차의 관리라는 여덟 개의 특정 영역에 해당하는 시스템이다. 고위험 수준의 인공지능은 실행될 수 있는 대신에 구체적인 규제들이 요구된다. 이를테면 시스템을 이사회에 의하여 관리되는 데이터베이스에 등록하거나, CE 인증(CE marking)이 가능한 정도의 자체 적합성 평가를 수행하거나, '인증기관(Notified Body)'에 의한 적합성 평가를 수행하는 방식 등이다. CE 인증은 제품의 보건, 안전, 환경 등과 관련하여 유럽연합 이사회 지침을 충족하는 경우 제공되는 인증 마크를 말하며(한국경제신문/한경닷컴, 2018), '노티파이드 보디(Notified Body)'는 특정 제품의 적합성을 평가하는 유럽연합의 인증 기관을 말한다.

셋째는 '제한된 위험(Limited risk)'인데, 이것은 제한된 투명성 의무만 적용된다. 챗봇과 같은 인간과 상호작용하는 시스템, 감정 인식 시스템, 생체 분류 시스템, 딥

페이크처럼 이미지 · 음성 · 영상 콘텐츠를 생성하거나 조작하는 시스템이 예로 제시되고 있다.

넷째는 '저위험과 적은 위험(Low and minimal risk)'으로 해당 시스템에는 법적 의무가 부과되지 않는다.

무엇보다 인공지능법이 인공지능의 사용으로부터 발생할 수 있는 위험에 주목하여 법을 체계화하고 있다는 점은 막대한 사회적 영향력을 가진 인공지능의 부정적 결과를 제거하는 것이 인공지능을 규제하는 실질적인 방향성이라는 것을 보여 준다. 나아가 인공지능법이 처벌 규정을 구체적으로 설정하려는 노력을 보인다는 사실로부터 인공지능 시스템에 대한 강제적이고 직접적인 규제를 적용하려는 의지도 확인할 수 있다.

인공지능의 윤리 영향 평가

한편 인공지능법에는 고위험 인공지능 시스템의 시장 출시 전에 기본권 영향 평가(Fundamental Rights Impact Assessment, FRIA)를 제공해야 한다는 부분이 담겨 있다(Council of the EU, 2023). 이처럼 영향 평가 제도를 통한 규제는 인공지능 시스템의 안전성을 강화하는 데 어느 정도 유의미한 효과를 가져올 것이다. 유럽연합이 제안하고 있는 기본권 영향 평가 외에도 영향 평가의 목적과 영역에 따라 사회적 영향 평가(Social Impact Assessment), 인권 영향 평가(Human Right Impact Assessment), 기술 영향 평가(Technology Impact Assessment), 환경 영향 평가(Environmental Impact Assessment), 윤리 영향 평가(Ethical Impact Assessment) 등의 다양한 영향 평가 방법론이 이미 시행되고 있거나 시행을 준비하고 있다. 이는 대상에 따라서 구분되기도 하는데 최근에는 인공지능의 위기를 윤리적으로 관리하고 통제하기 위하여 실제적인 영향을 평가하고자 '인공지능 영향 평가(AI Impact Assessment, AIA)'가 제안되고 있다(권은정, 2023; 김근혜, 박규동, 2023; 김법연, 2023; 유순덕, 2023). AIA는 인공지능 시스템의 설계부터 폐기까지의 전 과정에 내재하고 있는 여러 위험을 인식하여 대비하고 제거하기 위한 평가 도구 및 지침이다. 또 AIA는 평가 시점에 따라 '인공지능 사전 영향 평가(AI Risk Assessment) 또는 인공지능 위험 평가'와 '인공지능 사후 영향 평가(AI Impact Evaluation)'로 구분되기도 한다(김근혜 · 박규동, 2023, p.112).

이미 국내외에서는 다양한 문건을 통해 AIA와 관련된 근거가 마련되고 있다. 대표적으로 유네스코(UNESCO)에서는 2021년에 채택된 '인공지능 윤리 권고(Recommendation on the Ethics of Artificial Intelligence)'에서 인공지능 윤리 영향 평가(Ethical Impact Assessment, EIA)를 정책 과제의 실천 방법론의 하나로 제시하였다(UNESCO, 2021). 유네스코는 EIA를 "인공지능 프로젝트팀이 영향을 받는 공동체와 협력하여 인공지능 시스템이 미칠 수 있는 영향을 식별하고 평가하게 하여 권고를 운용할 수 있게 하는 구조화된 절차"라고 정의하고 있다(UNESCO, 2023, p.16). 주목할 점은 그들의 조작적 정의에는 윤리가 직접적으로 언급되고 있지 않음에도 그들이 명칭을 '윤리' 영향 평가라고 명시한 부분이다. 심지어는 포괄적 성격의 개념인 AIA의 정의와 별반 다르지 않다는 점에서 미루어 짐작할 때 인공지능의 위험 자체가 윤리적인 범주에서 발생하며 그러한 위험을 대비하고 제거하는 방법론조차 윤리적 성격을 갖는 사실을 어느 정도 예측할 수 있다. 그 외에도 유럽연합의 '일반 데이터 보호 규정(General Data Protection Regulation, GDPR)'에 제시된 '데이터 보호 영향 평가(Data Protection Impact Assessment)', 미국의 '알고리즘 책임법(안)(Algorithmic Accountability Act)'에 제시된 '알고리즘 영향 평가', 유럽연합의 '인공지능법'에 제시된 FRIA 등이 있다(권은정, 2023, pp.36-39).

유네스코의 논의처럼 윤리적 관점에서 AIA를 체계화하는 방식으로는 준거 평가와 자율성 평가로 이원화하는 인공지능 윤리 영향 평가의 두 가지가 있다(변순용 외, 2023, p.119). 첫째, 준거 평가의 경우 책임성, 투명성, 편향성 등의 인공지능 윤리의 주요 기준들을 중심으로 인공지능 시스템의 위험 수준을 평가하는 방식이다. 이전부터 형성되어 온 인공지능 윤리 인증 프로그램에서 논의되는 책임성, 투명성, 편향성 등의 기준이 인공지능 윤리 영향 평가의 준거로 이용될 수 있다(변순용, 2019, pp.75-77; 변순용 · 이연희, 2020, pp.114-117). 그렇지만 AIA의 필요성이 다양한 분야로부터 국제적으로 인정받고 있는 만큼 국제적 차원에서 AIA의 준거를 설정하기 위하여 윤리적인 영역을 넘어 복합적인 영역에서의 담론적 합의가 요구될 것으로 보인다. 둘째, 자율성 평가의 경우 여러 가지 문제 상황을 자율적인 결정을 통하여 해결하기 위해 제작되는 인공지능 시스템의 기술적 특성에 기인하여 인공지능의 도덕적이고 윤리적인 자율 판단 능력을 유형화하여 평가하는 방식이다. 변순용 외(2018, p.393)는 인공지능의 자율성(내지 도덕성) 유형을 세 가지로 제시하고 있다. 첫째 유형은 '명령의 무조건적 수행'으로 사용자에 의해 입력된 명령을 그대로 실행하는 유형이다. 둘째 유형은 '상벌에 따른 결과주의'로 사용자의 반응을 고려한 결과에 따라 명령을 반(半)자율적 의사 결정 능력을 바탕으로 처리하는 유형이다. 셋째 유형은 '사회적 규약 수준'으로 다른 유형보다 고도화된 의사 결정 자율화 능력을 바탕으로 사용자와의 상호작용 속에서도 사회적 규약을 반영하여 명령을 수행하는 유형이다.

참고문헌

권은정(2023). 인공지능 서비스 영향평가의 체계와 방법론: 「지능정보화 기본법」의 사회적 영향평가 제도를 중심으로. ≪경제규제와 법≫, 16(1), 29-50쪽.

김근혜·박규동(2023). AI 시스템의 위험 완화를 위한 정책적 접근방안 연구: AI 영향평가를 중심으로. ≪규제연구≫, 32(2), 105-134쪽.

김법연(2023). 공공분야 인공지능서비스의 영향평가제도 도입에 관한 연구. ≪정보법학≫, 27(2), 171-219쪽.

박혜성 외(2021). 인공지능 통제를 위한 규제의 동향과 시사점. ≪정보법학≫, 25(2), 1-40쪽.

변순용 외(2018). 10세 수준 인공지능의 도덕성 판단 적용 기준에 관한 연구. ≪윤리교육연구≫, 0(50), 385-411쪽.

변순용(2019). AI로봇의 도덕성 유형에 근거한 윤리인증 프로그램(ECP) 연구. ≪윤리연구≫, 126(1), 73-90쪽.

변순용·이연희(2020). 『인공지능 윤리하다』. 서울: 어문학사.

변순용 외(2023). 『인공지능윤리영향평가의 교육 분야 적용 가능성

탐색』. RM 2023-18. 한국교육학술정보원.
https://www.keris.or.kr/main/ad/pblcte/selectPblcteRMInfo.do?mi=1139&pblcteSeq=13752

유순덕(2023). 인공지능 서비스 영향성 평가를 위한 분석 기준 연구. ≪한국인터넷방송통신학회 논문지≫, 23(1), 7-13쪽.

이숙연(2023). 인공지능 관련 규범 수립의 국내외 현황과 과제. ≪법조≫, 72(1), 442-488쪽.

한국경제신문/한경닷컴(2018.12.6.). CE인증. 네이버 지식백과(한경 경제용어사전).
https://terms.naver.com/entry.naver?docId=2079334&cid=50305&categoryId=50305

Council of the EU(2023.12.9.). Artificial intelligence act: Council and Parliament strike a deal on the first rules for AI in the world. *Council of the EU.*
https://www.consilium.europa.eu/en/press/press-releases/2023/12/09/artificial-intelligence-act-council-and-parliament-strike-a-deal-on-the-first-worldwide-rules-for-ai

Kazim, E. & Koshiyama, A.(2021). The interrelation between data and AI ethics in the context of impact assessments. *AI and Ethics*, 1, pp.219-225.

Madiega, T.(2023). Artificial intelligence act. *European parliament: European parliamentary research service.*

UNESCO(2021). *Recommendation on the Ethics of Artificial Intelligence.*
https://unesdoc.unesco.org/ark:/48223/pf0000381137

UNESCO(2023). *UNESCO's Recommendation on the Ethics of Artificial Intelligence: key facts.*
hhttps://unesdoc.unesco.org/ark:/48223/pf0000385082?posInSet=1&queryId=0268335d-45be-4a51-bbe4-138e48a

22539
Wikipedia(2023.9.25). Notified body.
https://en.wikipedia.org/wiki/Notified_body

07
윤리적 AI: 규범적 접근

윤리적 인공지능은 기술적, 수단적 합리성에서 더 나아가 기술윤리적 좋음을 추구해야 한다. 인공지능의 기술윤리적 좋음은 인공지능의 목적과 활용에서 인간과 사회 모두에게 목적 수단의 합리성을 포괄하는 실천적 좋음의 기능을 수행해야 한다.

AI와 윤동주?

윤리적 AI를 위한 규범적 접근

윤리적 AI의 규범적 접근 방식은 인공지능 윤리의 당위적 성격이 강화되면서 국제사회에서 가장 먼저 도입된 방법이다. 정책적이고 입법적인 접근은 다소 구체적이고 강제적이며 직접적이어서 다양한 이해관계자의 관점을 조율해야 하는 만큼 도입하려면 사회적 합의에 근거하여 법률을 만들기 위한 많은 시간과 노력이 소요된다. 물론 규범적인 접근 역시 거시적인 측면에서 윤리적인 고려 사항을 포괄적으로 제시하는 동시에 구속력도 법률적 접근보다는 상대적으로 약하다는 문제도 있지만, 사회적 인식을 확산시키고 잠재적인 위험에 대한 대책을 준비하게 할 수 있다. 규범적 접근으로 이루어진 윤리적 AI의 사례는 그동안 기준, 지침, 원칙, 가이드라인, 프레임워크, 헌장 등의 다양한 형태로 나타났다. 명칭 대신 내용적 성격만으로 범주를 구분해 보자면 크게 가치 준거를 제시하는 가치 중심 접근 방식과 (법적 강제력은 없지만) 구체적인 행동 방침을 제시하는 원칙 중심 접근 방식으로 나눌 수 있다. 또는 주체에 따라서 기업, 학계, 시민 단체, 정부, 국제기구 등이 주도하는 규범들로 유형화할 수도 있다.

인공지능 윤리 가이드라인 사례

2019년에 유럽연합(EU)은 '신뢰할 수 있는 AI를 위한 윤리 가이드라인(Ethics guidelines for trustworthy AI)'을 발표하였다(EC AI HLEG, 2019). 이 가이드라인은 신뢰할 수 있는 AI의 개념, 윤리 원칙, 핵심 요소, 평가 리스트를 제시하고 있다. 첫째, 신뢰할 수 있는 AI의 개념을 '합법적 AI(Lawful AI)', '윤리적 AI(Ethical AI)', '견고한 AI(Robust AI)'와 같이 가치 중심으로 서술하고 있다. 둘째, 윤리 원칙으로 인간 자율성 존중, 위해 방지, 공정성, 설명 가능성의 네 가지로 제시하고 있다. 셋째, 핵심 요소로는 가치와 원칙을 실행하기 위한 세부 기준이 투명성, 책무성 등의 일곱 가지로 열거되고 있다. 넷째, 평가 리스트 같은 경우에는 가치, 원칙, 요소와 관련한 질문이 상세하게 나와 있다. 위 문건은 인공지능의 기술적 역량을 빠르게 파악하고 신속하게 대처했고, 성급한 것처럼 보여도 생각보다 프레임워크를 체계화해 잘 안내하였다는 점에서 유의미하다.

OECD도 유럽연합과 같이 2019년에 '인공지능 권고(Recommendation of the Council on Artificial Intelligence)'를 채택하였다(OECD, 2019). 이 문서에도 마찬가지로 AI를 '신뢰할 수 있는 AI'로 표방하며 초기 인공

지능 윤리의 관점이 인공지능의 위기관리보다는 인공지능 기술의 사회적 신뢰 형성 및 유지에 방점이 찍혀 있다는 것을 확인할 수 있다. 해당 권고는 크게 책임 원칙과 국가 정책 및 국제 협력을 명시하고 있다. 책임 원칙에는 '포용 성장, 지속 가능 발전, 웰빙', '인간중심 가치와 공정성', '투명성과 설명 가능성', '견고성, 보안성, 안전성', '책임성'의 다섯 가지가 제시되어 있다. 국가 정책 및 국제협력에는 'AI 연구개발(R&D) 투자', 'AI 디지털 생태계 육성', '실현 가능한 정책 환경 구현', '인적 역량 강화 및 노동 시장 전환 준비', '신뢰할 수 있는 AI를 위한 국제협력'의 다섯 가지가 나열되어 있다. OECD의 권고도 유럽연합의 것처럼 빠르게 투입되었다는 점에서 가치가 있으나 다른 문헌과 비교하면 많이 포괄적이고, 위기관리보다는 개발과 육성에 초점이 맞춰져 있다는 점에서 다르다.

다음으로 등장한 것이 2021년에 마련된 유네스코(UNESCO)의 '인공지능(AI) 윤리 권고(Recommendation on the Ethics of Artificial Intelligence)'다(UNESCO, 2022). 유네스코의 규범적 틀/도구(normative framework/instrument)는 내용의 구체성과 강제력의 정도에 따라 선언(Declaration), 권고(Recommendation), 협약

(Convetion)으로 구분되며, 인공지능 윤리 권고는 그 중 권고에 해당한다(이상욱, 2021, p.28). 앞의 두 문서와는 달리 본 문서에서는 '인공지능 윤리'가 전면에 내세워졌다는 점이 주요 특징이다. 전체적으로 1~141번까지의 권고문이 있는데 여덟 개의 장이 번호별로 나뉘어 있다. 권고는 전문이 있고, 1장은 활용 범위, 2장은 목적과 목표, 3장은 가치와 원칙, 4장은 정책 행동 영역, 5장은 모니터링과 평가, 6장은 현 권고의 활용과 이용, 7장은 현 권고의 홍보, 8장은 최종 조항으로 구성되어 있다. 그중 윤리적 관점이 잘 드러나 있는 3장을 자세히 보면 네 가지 가치와 열 가지 원칙이 안내되어 있다. 네 가지 가치는 '인권, 기본적 자유, 인간 존엄의 존중, 보호, 촉진', '평화롭고 정의로우며 상호 연결된 사회에서의 삶', '환경과 생태계 번영', '다양성과 포용성 실현'이다. 원칙은 열 가지인데 타 문건에서 가치로 제시되어 있던 '안전성과 보안성', '투명성과 설명 가능성' 등이 원칙에 포함되며 위의 가치는 이를 조금 더 총체적으로 담고 있다. 무엇보다 이 권고에는 유엔(UN)의 전문기구라는 유네스코의 조직적 성격에 맞게 유엔의 지속 가능 발전 목표 수준의 광범위한 목적, 가치, 원칙, 정책 등이 제시되어 있다.

앞의 세 가지가 국가 내지 국제기구 주도형 규범이었

다면 우리나라의 경우 역시 국가 주도의 인공지능 윤리 규범으로 '인공지능(AI) 윤리 기준'이 있다(과학기술정보통신부, 2020). 인공지능 윤리 기준은 최고 가치를 '인간성(Humanity)'으로 설정하고 인간과 인공지능 관계의 존재론적 위치를 설정하고 있다는 점에서 다른 문건들과 차별점을 가지고 있다. 이에 대하여 본 문건을 수립하기 위한 문정욱 외(2020, p.29)의 기초 연구에 의하면 그 표현 자체가 "인간을 위한 수단적 존재로서의 인공지능의 지위"를 나타내는 것이다. 인간과 인공지능의 관계는 인간성을 최우선 가치로 놓지만, 이러한 관계가 일반적으로 생각하는 인간종 중심주의의 일방향적인 관계가 아니며, 인공지능의 목적성이 인간에 의해 부과되어야 함을 주장하고 있다. 이는 인공지능의 현재 기술적 수준과 위험 관리의 측면이 중요하게 다루어지고 있다는 점에서 주목된다. 그 외에는 다른 윤리 규범들과 마찬가지로 인간의 존엄성 원칙, 사회의 공공선 원칙, 기술의 합목적성 원칙의 3대 기본원칙, 인권 보장, 프라이버시 보호, 다양성 존중 등의 10대 핵심 요건이 안내되어 있다. 이러한 종류의 다양한 윤리 가이드라인들에서 제시된 주요 가치와 윤리 원칙들을 통해 인공지능 윤리의 필요성이 보다 강조될 수밖에 없으며, 이것들은 윤리 영향 평가나 윤리 인증 제도, 윤리 표준화를 통해서 보다 구체적으로 개발자와 사용자에게 다가갈 것으로 보인다.

참고문헌

과학기술정보통신부(2020.12.23). 과기정통부, 「인공지능(AI) 윤리기준」 마련.
https://www.msit.go.kr/bbs/view.do?sCode=user&mPid=112&mId=113&bbsSeqNo=94&nttSeqNo=3179742.

문정욱 외(2020). 윤리적 인공지능을 위한 국가정책 수립. ≪정책연구≫, 20-21.
https://www.kisdi.re.kr/report/view.do?key=m2101113024973&masterId=3934581&arrMasterId=3934581&artId=557379

이상욱(2021). 『유네스코 인공지능(AI) 윤리 권고 해설서: 인공지능 윤리 이해하기』. 유네스코한국위원회.
https://unesco.or.kr/유네스코-인공지능ai-윤리-권고-해설서/

EC AI HLEG(2019). *Ethics guidelines for trustworthy AI.*
https://op.europa.eu/en/publication-detail/-/publication/d3988569-0434-11ea-8c1f-01aa75ed71a1

OECD(2019). Recommendation of the council on artificial Intelligence.
https://legalinstruments.oecd.org/en/instruments/OECD-LEGAL-0449

UNESCO(2022). *Recommendation on the Ethics of Artificial Intelligence.*
https://unesdoc.unesco.org/ark:/48223/pf0000381137.d

08
윤리적 AI: 조직적 접근

조직적 접근은 인공지능을 직접적으로 설계 · 개발 · 배포 · 관리 · 운영 · 활용하는 조직이 어떻게 인공지능을 윤리적으로 다루고자 하는지를 확인하는 방법론이다. 대체로 조직적 접근은 인공지능의 생산자인 기업 조직에 해당하는 방법이지만 인공지능을 활용하고자 하는 조직에도 적용될 수 있는 방법이다.

AI와 한의학?

기업의 인공지능 윤리 정책

윤리적 인공지능을 개발하기 위한 조직적 접근은 인공지능을 직접적으로 설계 · 개발 · 배포 · 관리 · 운영 · 활용하는 조직이 어떻게 인공지능을 윤리적으로 다루고자 하는지를 확인하는 방법론이다. 대체로 조직적 접근은 인공지능의 생산자인 기업 조직에 해당하는 방법이지만 인공지능을 활용하고자 하는 조직에도 적용될 수 있는 방법이다. 여기서 논의될 수 있는 것으로는 조직이 세운 인공지능 윤리 정책, 조직의 인공지능 성숙도 등이 있다.

먼저 인공지능 윤리 정책은 조직이 인공지능을 생산하고 활용하는 지향점이 담겨 있는 것으로서 인공지능 윤리 규범과 제도에 영향을 받아 제시될 수 있다. 물론 자율적 조정 노력인 만큼 조직이 공식적으로 발표한 정책을 조직 운영하에서 실효성 있게 반영하고 있는지에 대하여는 재고할 필요가 있을 것이다. 다만 자기 공언이 가지는 힘을 고려할 때 그러한 정책들이 사회적 질책의 근거로서 작용할 수 있는 만큼 조직 스스로 준수하고자 할 것으로 보인다. 관련하여 구글(Google)의 사례를 보자(Google, n.d.). 구글은 핵심 가치로 '책임(responsibility)'을 제시하며, 인공지능의 잠재성을 낙관적으로 간주하고 있다.

이를 볼 때 국가나 국제기구와 비교하여 상대적으로 기업이 가지고 있는 인공지능 기술에 관한 시선이 긍정적일 수 있음을 확인할 수 있다. 책임의 가치를 실현하기 위하여 인공지능의 목표와 추구하지 않을 인공지능을 제시하고 있다. 인공지능의 목표로는 공익성, 부당한 편견의 금지, 안전성, 책임감, 개인 정보 보호, 과학적 우수성, 합목적성이 제시되고 있다. 추구하지 않을 인공지능으로는 위험 부담이 높은 인공지능, 사람에게 상해를 입히려는 무기 같은 인공지능, 국제 규범을 위반하는 감시 및 정보 수집 인공지능, 국제법 및 인권 원칙 위배용 인공지능이 제시되고 있다. 다만 이러한 가치나 원칙들은 당연히 내용 연관은 있겠으나 인간 개인의 존엄으로서의 자유와 평등 등의 기본권 보장, 사회적 약자를 위한 다양성 존중 등에 관한 사람 중심의 정책보다는 기업의 사회적 책임에 초점이 맞춰진 정책이 많았다.

다음으로 마이크로소프트(Microsoft, MS)의 인공지능 윤리에 관한 기업 정책을 검토해 보면 '책임 있는 AI(responsible AI)'를 표면에 내거는 것으로 비출 때 구글과 유사하게 기업의 사회적 책임으로 방향을 설정하고 있는 것으로 보인다(Microsoft, 2022). 또한 기업은 인공지능 윤리를 고려할 때 대부분 사회를 설득하거나 사회로부터 신뢰를 확보할 수 있는 방향으로서 핵심 가치를 설정하는 것으로 생각해 볼 수 있다. MS는 여섯 가지 목표를 구조적으로 설정하고 있다. 첫째는 '책임성(Accountability)'으로 세부 목표로는 영향 평가, 중대한 악영향 관리, 목적 적합성, 데이터 거버넌스와 운영, 인간의 감독과 통제가 있다. 둘째는 '투명성(Transparency)'으로 세부 목표로는 의사 결정 시스템 명료화, 이해관계자와의 소통, 인공지능 상호작용 공개가 있다. 셋째는 '공정성(Fairness)'으로 세부 목표로는 서비스 품질, 자원과 기회의 배분, 고정관념 · 비하 · 출력 삭제의 최소화가 있다. 넷째는 '신뢰성(Reliability)과 안전성(Safety)'으로 세부 목표로는 신뢰성 및 안전성 지침, 실패와 수정, 지속적인 모니터링 · 피드백 · 평가가 있다. 다섯째는 '프라이버시(Privacy)와 보안성(Security)'으로 세부 목표로는 개인 정보 보호 표준 준수, 보안 정책 준수가 있다. 여섯째는 '포용성(Inclusiveness)'으로 세부 목표로는 접근성 표준 준수가 있다. 나아가 위 세부 목표에 따라 적용 대상, 요구 사항 등이 더 구체적이고 체계적으로 명확히 언급되어 있어서 기업 내 구성원들이 참고하기에 편이할 수 있다.

인공지능 성숙도

조직의 인공지능 윤리에 관한 비전이 투영된 정책이 마련되면 정책이 조직 내에 잘 적용되고 있는지 진행 상황을 검토할 필요가 있다. 이를 위해서 인공지능을 다루고 있는 조직들은 '인공지능 성숙도(AI Maturity, AIM)'라는 개념을 사용하고 있다. AIM은 1990~2000년대에 등장한 소프트웨어(software, SW) 개발 기업의 업무 능력을 평가하는 모델인 '능력 성숙도 모델(Capability Maturity Model, CMM)'이나 '능력 성숙도 통합 모델(Capability Maturity Model Integration)'이 현대 기술 사회에 적응된 형태라고 할 수 있다. 이에 아이비엠(IBM)은 AIM 프레임워크를 설계하여 적용하고 있는데, 아이비엠은 AIM을 "AI가 얼마나 성숙한지를 측정하는 척도"라고 설명한다(Vaish et al., 2021, p.3). 아이비엠의 AIM은 사업 능력과 기술 능력을 조합하여 일곱 가지 측정 기준과 3단계 척도를 제시하고 있다. 일곱 가지 측정 기준은 '사업에 미치는 영향', '고객 가치', '기술 고도화', '신뢰성', '사용 용이성', 'AI 운영 모델', '데이터'며, 3단계 척도는 'Silver(1점)', 'Gold(2점)', 'Platinum(3점)'이다. 프레임워크에는 각 차원에 따른 하위 기준과 해당 기준의 정의가 명료하게 기술되어 있고 척도에 따른 지수도 상세히 안내되어 있다.

이처럼 조직 내 AIM 프레임워크를 구축하고 있는 미국의 경영 컨설팅 기업인 액센처(Accenture)는 AIM을 "조직이 고객, 주주, 직원을 위한 높은 성과를 달성하기 위해 적절히 연합하여 인공지능 관련 능력을 숙달한 정도를 측정"하는 것이라고 정의하고 있다(Accenture, n.d.). 그리고 정의에 포함된 그러한 핵심 능력을 상위 능력 네 가지와 그에 해당하는 하위 능력 두 가지에서 다섯 가지로 정리하고 있다. 첫째 상위 능력은 '전략 및 후원'으로 하위 능력으로는 '시니어 후원', 'AI 전략', '사전 대비 vs 사후 대응', '손쉽게 이용할 수 있는 AI 및 기계 학습 도구', '손쉽게 이용할 수 있는 개발자 네트워크'가 있다. 둘째 상위 능력은 '데이터 및 AI 코어(Core)'로 하위 능력으로는 '구축 vs 구입', '플랫폼 및 기술', '실험데이터 개선', '데이터 관리 및 거버넌스', '데이터 관리 및 거버넌스 개선'이 있다. 셋째 상위 능력은 '인재 및 문화'로 이에 대한 하위 능력으로는 '필수 AI 교육', 'AI 관련 기술에 관한 직원 역량', '혁신 문화 내재화', '혁신 문화 장려', 'AI 인재 전략'이 있다. 네 번째 상위 능력은 '책임 있는 AI'로 하위 능력은 '책임 있는 AI', '책임 있는 AI-개선'이 있다. 이를 'AI 기반(AI foundation)' 능력과 'AI 차별화(AI differenciation)' 능력의 두 범주로 나누어 평가하여 'AI Achievers', 'AI Innovators', 'AI Builders', 'AI Experimenters'의 네 유형으로 구분하여 나타내고 있다.

그러나 AIM은 그 안에 윤리적 가치를 내포하고 있기는 하지만 온전히 그것을 위함이 아니다. 오히려 기업이 인공지능이라는 도구를 가지고 이윤을 극대화할 수 있는 능력을 나타내는 경제적 성격의 수치 안에 기업의 이미지와 같은 사회적 신용을 증진하려는 목적으로 윤리적 가치가 이용될 수 있다는 비판을 받기도 한다. 그렇지만 이윤을 추구한다는 기업의 본질을 고려할 때 소비자 윤리의 관점에서 AIM에 그러한 가치가 잘 반영되는지 감시하는 도구로 활용한다면 윤리적 AI를 구현하기 위하여 유의미한 수단이 될 수도 있을 것이다.

참고문헌

Accenture(n.d.). The art of AI maturity : Advancing from practice to performance.
https://www.accenture.com/us-en/insights/artificial-intelligence/ai-maturity-and-transformation

Google(n.d.). Responsibility: Our Principles. Google AI,
https://ai.google/responsibility/principles/

Microsoft(2022). Principles and approach : Responsible AI Standard.

https://www.microsoft.com/en-us/ai/principles-and-approach#tabs-pill-bar-occ736_tab0.
Vaish, R., et al.(2021). AI maturity framework for enterprise applications. IBM.
https://www.ibm.com/watson/supply-chain/resources/ai-maturity/

09
지속 가능한 AI

빅테크 기업들이 거대 언어 모델(Large Language Model, LLM)과 같은 초거대 생성형 인공지능 경쟁력 강화에 힘쓰면서부터 미처 고려하지 못했던 문제 중 하나가 바로 초거대 생성형 인공지능 모델의 학습 과정에서 발생하는 에너지 소비와 환경 오염에 관한 것이었다. 이는 단순히 인공지능으로부터의 환경적 위기만을 검토하는 차원의 것이 아니라, 인공지능의 개발이 생태계의 지속성을 보장할 수 있을지에 관한 성찰이다.

AI와 화장품?

지속 가능한 AI를 위한 생태적 접근

빅테크 기업들이 거대 언어 모델과 같은 초거대 생성형 인공지능 경쟁력 강화에 힘쓰면서부터 미처 고려하지 못했던 문제 중 하나가 바로 초거대 생성형 인공지능 모델의 학습 과정에서 발생하는 에너지 소비와 환경 오염에 관한 것이었다. 이는 단순히 인공지능으로부터의 환경적 위기만을 검토하는 차원의 것이 아니라, 인공지능의 개발이 생태계의 지속성을 보장할 수 있을지에 관한 성찰이다. 이처럼 미래지향적인 책임에 근거하고 있는 지속 가능한 AI를 생태적 접근과 국제 협력적 접근으로 구별하여 제시할 수 있다.

생태적 접근은 지속 가능한 AI를 달성하기 위한 핵심적인 접근 방식으로 자연환경과 불가분의 유기적 관계로 얽혀 있는 생태 구성원으로서의 인간이 모든 존재에 관한 윤리적 책임감으로 인공지능을 개발하고 활용하는 것을 뜻한다. 이는 인공지능이 초래할 생태적 위기를 완화하는 것과 인공지능을 개발하고 활용하여 생태적 균형을 조화롭게 유지하는 것의 두 가지로 정리가 가능하다.

인공지능은 기본적으로 학습용 데이터나 매개변수가 많을수록 복잡한 계산과 추론도 수월하게 할 수 있게 된다. 이러한 측면에서 거대 언어 모델 같은 초거대 생성형 인공지능은 기존의 인공지능에 비교하여 엄청난 양의 데이터를 학습하거나 매개변수를 사용하기 때문에 기계적 능력이 훨씬 뛰어나다고 할 수 있다. 그러나 인공지능에 요구되는 기대치가 충족될수록 오히려 생태적 관점에서는 여러 가지 문제가 드러난다. 예를 들어 인공지능의 학습 과정에서 데이터 센터를 구축할 필요가 있는데, 최근 이러한 데이터 센터의 환경 문제가 제기되고 있다. 국제 에너지 기구(International Energy Agency, IEA)에 따르면 2022년 전 세계 데이터 센터의 사용 전력은 460TWh로 세계 전력 전체 수요의 2%였다(IEA, 2024, p.8). 이것만으로도 적지 않다고 할 수 있으나, 2026년에는 그보다 두 배 이상 많고 일본의 전력 소비량과 비슷한 수준인 1000TWh 이상에 도달할 수 있다고 예상했다. 또한 데이터 센터 운영은 온실가스 배출에 좋지 않은 영향을 미친다. IEA는 전 세계 데이터 센터에서 배출되는 온실가스 배출량이 온실가스 배출량 9위인 한국의 절반 수준에 해당한다고 보고했다(강찬수, 2023). 그러나 초거대 생성형 인공지능 기술 경쟁은 이제야 초기 수준에 해당하며 향후 더 많은 기업이 관련 산업에 참여하면서 데이터 센터 설립이 증가할 것으로 보인다.

또 다른 문제점은 초거대 생성형 인공지능을 학습시키는 데서 나온다. 대표적으로 챗지피티(ChatGPT)의 언어 모델인 지피티 시리즈(GPT-n Series)를 살펴볼 수 있다. 15억 개의 매개변수를 사용하던 지피티-2를 발전시킨 지피티-3은 매개변수만 1750억 개를 사용하는데, 지피티-3 훈련 과정에서 소비된 전력이 1287MWh다. 이는 미국의 120가구가 1년 동안 사용하는 전력량이라고 한다(심지영, 2023; Ivy Partners, 2023). 또한 이산화탄소 배출량은 552t에 달한다고 하는데, 이는 가솔린차 123대의 1년 주행 시 탄소 배출량에 맞먹는다는 의견도 있다. 나아가 초거대 생성형 인공지능 훈련을 위해 컴퓨터를 가동하면 일반적인 인공지능 모델보다도 극심한 발열 현상이 나타나므로 이를 식히기 위한 냉각수가 필요하다. 미국의 리버사이드 콜로라도대학교와 앨링턴텍사스대학교의 연구진은 챗지피티를 1번(25~50개의 문답) 사용할 때마다 500ml의 물이 소비된다고 발표하며, 특히 지피티-3 훈련 과정에서 물이 70만 리터가 소비되었을 것이라 주장했다(이재영, 2023).

이러한 생태 환경의 위기를 관리하고자 도입되는 논의가 '그린(Green) AI'에 관한 것이다. 슈워츠 외(Schwartz et al., 2020)는 그와 같이 큰 탄소 배출량을 초래하는 기존의 인공지능을 '레드(Red) AI'라고 명하며, 레드 AI의 대안으로 친환경적인 효율성을 고려하는 그린 AI를 제시하였다. 베르데키아 외(Verdecchia et al., 2023, p.10)는 그린 AI를 "활용된 천연자원 측면에서 인간이 자연환경에 미치는 영향을 완화하기 위해 AI를 활용"하거나 "AI 자체가 자연환경에 미칠 수 있는 영향을 완화"하려는 목표를 설정하고 실행하는 것으로 정의하고 있다. 여기서 후자는 지금까지 제시된 자료가 담고 있는 우려를 줄이고자 하는 것이라면, 전자의 논의처럼 생태적 공공성에 기초하여 인공지능의 합목적성을 긍정적으로 제고하는 방향도 그린 AI의 주요한 한 측면이 될 것이다. 따라서 인공지능의 지속 가능성을 유지하는 것의 일차적 목표는 인공지능의 생태적 양면성을 적절히 고려하는 것이 될 것이다.

지속 가능한 AI를 위한 국제 협력

지구촌 문제를 단일 국가의 노력만으로 해결하는 데 한계가 있음을 깨달으면서 세계는 이를 글로벌 관점에서 접근하기 시작했다. 대표적으로 산업화의 대가로 가속화된 기후 위기의 불안을 상호 협력적으로 해소하기 위하여 세계 각국은 2015년에 파리기후변화협약(Paris

Climate Change Accord, 이후 파리협정)을 만장일치로 채택하고, 이를 이행할 수 있는 온실가스 감축 목표를 195개 당사국 모두가 자발적으로 결정하였다. 이를 볼 때 군사용 자율 살상 무기나 침습적인 의료 인공지능의 생명 윤리적 문제, 인공지능 로봇의 인간 노동 대체 가능성, 인공지능 모델 훈련 과정의 막대한 자원 낭비, 소수 인공지능 기반 플랫폼의 권력화에 따른 기술 불평등 심화 등처럼 인공지능으로 인해 발생 가능한 사회적 문제들은 기후 위기와 같은 국제적 협력의 필요성을 요청한다.

이 같은 배경에서 생성형 인공지능의 잠재적 혜택이 위험을 동반할 것이라 보고 지세븐(G7)은 2023년 5월 '히로시마 AI 프로세스'를 수립하고, 당해 10월에는 '첨단 인공지능 개발 조직에 대한 국제 지침 및 행동 규범'을 최종 합의했다. 해당 합의안에는 인공지능 개발 기업에 관한 위험성 평가와 관리를 요구하는 '국제 지침(guiding principles)'과 이용자의 인공지능 리터러시 소양 함양을 촉구하는 '행동 규범(code of conduct)'이 제시되고 있다. 히로시마 AI 프로세스는 주요국들이 인공지능의 발전 동향에 주시하여 예측되는 잠재적 위험을 선제적으로 조치하는 과정에서 국제적인 상호 협력 방식을 사용했다는 점에 의미가 있다. 비슷한 시기인 2023년 11월에는 AI 안전성 정상 회의에서 미국, 중국, 한국 등 28개국과 유럽연합(EU)이 고도의 능력을 갖춘 '프런티어 AI'가 잠재적으로 막대한 위험을 초래할 수 있음에 동의하고 세계 각국이 공동의 노력으로 관리해야 한다는 내용이 담긴 '브레츨리 선언'에 합의했다. 따라서 히로시마 AI 프로세스와 브레츨리 선언의 합의가 수일 차이로 진행됐다는 것은 인공지능의 위험을 관리할 때의 국제적인 상호 협력의 중요성이 피력된 것으로 볼 수 있을 것이다.

참고문헌

강찬수(2023.2.14). "AI 더러운 비밀"…구글보다 '챗GPT'가 지구에 더 나쁜 이유. ≪중앙일보≫,
https://www.joongang.co.kr/article/25140421#home

심지영(2023.6.9.). [AI 백브리핑③] AI 발전은 지구 환경에 득일까 실일까. ≪비즈한국≫.
https://www.bizhankook.com/bk/article/25771

IEA(2024). Electricity 2024 – Analysis and forecast to 2026.
https://www.iea.org/reports/electricity-2024

Ivy Partners(2023.6.7.). Green AI: An environmental problem or a sustainable solution?.
https://www.ivy.partners/green-ai-an-environmental-problem-or-a-sustainable-solution/

Schwartz, R., et al.(2020). Green AI. *Communications of the ACM*, 63(12), pp.54–63.

Verdecchia, R., et al.(2023), A systematic review of Green AI. *Wiley interdisciplinary reviews: Data mining and knowledge discovery*, 13(4), e1507.

10
생성형 인공지능의 새로운 방향성

인류의 미래를 위해서 우리가 지켜야 할 책임의 소재가 불분명하거나 책임 주체가 확산되어 책임의 무책임화 현상이 일어나지 않도록 하기 위해서는 인공지능의 개발 및 활용에서 책임의 디자인이 이뤄져야 하고, 이에 근거하여 책임의 실현 방식이 구체화되어야 한다.

종교와 AI?

생성형 인공지능 시대의 새로운 방향성

요나스는 기술 시대에 요구되는 책임의 성격으로 모든 영역에서 책임을 다하는 총체성, 책임을 중단하지 않고 실행을 지속하는 연속성, 미래까지도 포함하는 책임을 뜻하는 미래성을 이야기한다(Jonas, 1984, pp.185-193). 지금의 인공지능은 현대 과학기술 사회를 아주 잘 대변하는 기술이다. 따라서 인류가 인공지능을 개발하고 활용하고자 한다면 그에 대한 책임을 총체적으로, 연속적으로, 미래적으로 다하는 것이 중요하다.

이러한 관점에서 생성형 인공지능 시대의 새로운 인공지능 시스템의 개발 및 활용 방향성을 '제한된, 윤리적, 지속 가능한(Restricted, Ethical, Sustainable AI)'의 세 범주로 제시할 수 있다. 제한된 인공지능은 생성형 인공지능 개발 경쟁으로부터 출발한 인공지능의 위기관리 필요성 증진에 따라 위험 수준에 기반하여 인공지능을 구속력 있는 방식으로 규제할 수 있는 방안을 모색하는 것을 의미한다. 윤리적 인공지능은 인공지능의 위험을 식별하기 위한 준거로서의 윤리적 가치나 기준을 설정하고, 인공지능 기술과 관계된 여러 조직의 자발적인 윤리적 행위를 강조하는 것을 의미한다. 지속 가능한 인공지능은 인공지능이 생태 공동체인 자연, 인간, 사회 등에 미치는 부정적인 영향을 제거하여 미래까지의 지속성도 보장하도록 발전하기 위해서 글로벌 협력을 발전시켜 나가는 것을 의미한다.

책임 있는 인공지능

최종적으로 이를 정리하면 '책임 있는 인공지능(RESponsible AI, RES AI)'이다. 이는 두 가지 목적으로 해석이 가능할 것이다. 첫째는 인공지능과 관련된 구성원 모두가 책임을 다하여 인공지능이 가지고 있는 잠재적 위험을 관리하는 것이다. 둘째는 인간의 존엄성, 사회의 공공선, 자연환경의 지속성 등을 제고하기 위하여 인공지능의 안정적 활용을 위해 인공지능 자체의 책임을 강조하는 것이다. 지금까지 논의되어 왔던 인공지능 개발자와 사용자에게 강조되는 책임에 대한 논의뿐만 아니라 인공지능 자체의 책임성에 대한 논의가 필요하다. 마치 법의 영역에서 자연인에 대한 책임에 대한 논의 외에도 법인의 책임에 대한 논의가 필요했던 것처럼, 이제는 전자인(e-Person)의 책임에 대한 논의도 필요해진다. 물론 자연인이나 법인에 대한 책임 논의와 같을 수는 없겠지만, 인공지능 자체의 책임에 대한 논의도 있어야 할 것으로 보인다. 인간은 특정 영역에서 자율성을 인공지능에게 부여하고, 책임성은 이러한 부여에 의해 발생한다. 책임의 실현을 위한 책임 구성의 요건을 살펴보면 아래와 같다.

주체: AI-Robot

대상: AI-Robot의 행위

관계자: 행위 관련자들

심급: (사회적 합의 내지 승인에 근거한) 생산 내지 사용의 목적

제재의 예시: 알고리즘 자체의 삭제 혹은 수정이나 복제, 파인 튜닝 금지 / 개발자 내지 사용자에 대한 처벌

인공지능의 영역에서 앞으로는 제조자 내지 사용자의 책임으로 귀속시킬 수 없는 책임의 유형이 발생 가능해질 것이다. 전자인의 책임을 제조자 내지 사용자의 책임으로 귀속시킬 수 없는 책임의 유형을 '반려동물'의 지위 문제를 고려해서 생각해 볼 수 있다. 생성형 인공지능이 특정 자율성의 영역에서 창의성이라고 볼 수 있는 결과물을 출력하는 경우가 있다면, 산출된 결과물이 해로운 영향을 누군가에 미친 경우와 긍정적인 영향을 미친 경우로 구분했을 때, 전자에 대한 책임을 제조자나 사용자

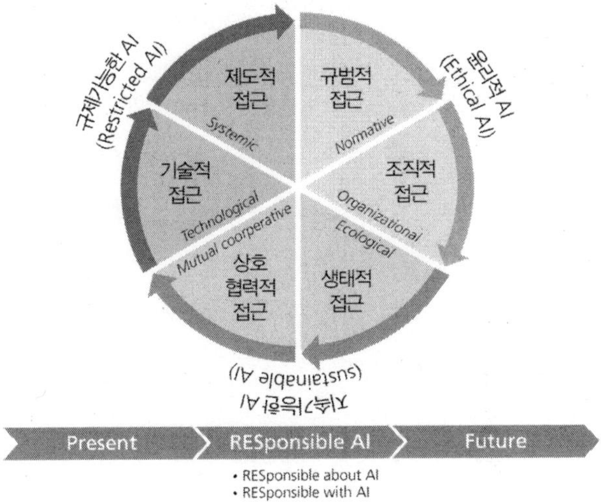

그림 10-1. 책임 있는 인공지능.

에게 묻기가 어려워질 수 있다. 오작동이나 오류가 아니면서도 제조자나 사용자의 의도와 다른 산출을 내놓은 경우, 법적 대리인의 동의가 필요한 미성년자의 행위에 대한 경우를 참고해 볼 수도 있다.

이렇게 고안된 RES AI의 세 가지 방향성, 여섯 가지 접근 방식, 두 가지 목적은 그림 10-1처럼 나타낼 수 있다. 이는 생성형 인공지능 시대의 다양한 이해관계자들이 각자의 구체적인 역할 책임을 설정하는 데 적절히 이용될 수 있을 것이다.

인류의 미래를 위해서 우리가 지켜야 할 책임의 소재가 불분명하고 책임 주체가 확산되어 책임의 무책임화 현상이 일어나지 않도록 하기 위해서는 인공지능의 개발 및 활용에서 책임의 디자인이 이뤄져야 하고, 이에 근거하여 책임의 실현 방식이 구체화되어야 한다.

참고문헌

Jonas, H.(1984). *Das prinzip verantwortung: Versuch einer ethik fur die technologische zivilisation*. Frankfurt a.M.: Suhrkamp. 이진우 역(1994). 『책임의 원칙: 기술 시대의 생태학적 윤리』. 파주: 서광사.

변순용

서울대학교 사범대학 및 대학원에서 윤리교육을 전공하고 독일 카를스루에(Karlsruhe) 대학에서 철학 박사 학위를 취득하였다. 2005년부터 서울교육대학교 윤리교육과 교수로 재직하고 있으며, 주요 관심 분야는 실천 및 응용 윤리학, 인공지능 윤리 및 로봇 윤리 등이다. 현재 한국인공지능윤리학회 회장, 서울교육대학교 어린이철학교육센터 센터장, 한국인공지능윤리협회 AI윤리연구센터 센터장으로 활동 중이다. 대표 저서로는 『책임의 윤리학』, 『삶의 실천윤리적 물음들』, 『삶과 철학 이야기』, 『인공지능윤리하다』, 『윤리적 AI 로봇 프로젝트』, 『로봇윤리란 무엇인가?』, 『음식윤리』, 『융합기술시대의 윤리』 등이 있고, 대표 역서로는 『레비나스』, 『생명윤리학 1,2』, 『로봇윤리』, 『철학·도덕교육의 교수법』 등이 있다.